Sammlung Luchterhand 215

Alexander Solschenizyn

Drei Reden an die Amerikaner

Aus dem Russischen von Michael Morozow

Luchterhand

Sammlung Luchterhand September 1975
Umschlagkonzeption: Hannes Jähn

Gesamtherstellung bei der Druck- und
Verlags-Gesellschaft mbH, Darmstadt
ISBN 3-472-61215-0

INHALT

Wir brauchen das Echo seiner Stimme

George Meany, Präsident der AFL-CIO (American Federation of Labour-Committee of Industrial Organization), anläßlich der Vorstellung Solschenizyns am 30. Juni 1975 in Washington

Wenn wir die historischen Kämpfe und Konflikte dieses Jahrhunderts betrachten, ist es nur natürlich, an berühmte Führerpersönlichkeiten zu denken: an Männer, die Völker beherrschten, Armeen befehligten und Freiheitsbewegungen ins Leben riefen oder aber Ideologien verpflichtet waren, welche die Freiheit ausgelöscht haben.
Heute jedoch, in dieser gefahrvollen Stunde menschlicher Geschichte, in der die Kräfte, die sich gegen den freien menschlichen Geist formiert haben, mächtiger, brutaler und tödlicher sind als je zuvor, steht die einzigartige Gestalt des Mannes, der die Flamme der Freiheit am meisten anfachte, nicht an der Spitze eines Staates, befehligt keine Armee und führt keine Bewegung an, die sich im Sichtbaren vollzieht.
Aber es existiert eine Bewegung — eine verborgene Bewegung von Menschen, die keine Ämter bekleiden, nicht in Hauptquartieren residieren, die in den großen Foren, in denen die Nationen sich versammeln, nicht vertreten sind — von Menschen, die für das Recht zu sprechen, zu denken und sich selbst zu verwirklichen täglich mehr erleiden und riskieren als wahrscheinlich jeder unter uns in seinem ganzen Leben.
Wo finden wir die Mitglieder dieser unsichtbaren Bewegung? Indem wir uns heute abend anschicken, die Anwesenheit eines der ihren zu würdigen, lassen Sie uns auch der übrigen gedenken: der Millionen, die in sowjetischen Arbeitslagern versklavt sind, der ungezählten Tausende, die man in sogenannten »Irrenanstalten« durch Drogen und Zwangsjacken gefügig macht, der Scharen stummer Arbeiter, die in den

Fabriken der Kommissare Sklavenarbeit verrichten, all derer, die durch gestörte, verbotene Sender nach Bruchstücken der Wahrheit suchen und nicht zuletzt derjenigen, die im Schatten der Tyrannei geächtete Gedanken aufzeichnen und sie von Hand zu Hand weitergeben. Wenn sie für uns auch unsichtbar bleiben, können wir sie jetzt dennoch hören, denn unter dem Schutt der Unterdrückung ist eine Stimme laut geworden, die nach Gehör verlangt, eine Stimme, die nicht geleugnet werden kann.

Wir schenken dieser Stimme unsere Aufmerksamkeit nicht, weil sie für die Linke, die Rechte oder für irgendeine Partei spricht, sondern weil sie dem Antlitz der totalen Macht Wahrhaftigkeit und Mut entgegenstellt, obwohl es einfacher und bequemer wäre, sich zu unterwerfen und die Lügen zu akzeptieren, von denen diese Macht lebt.

Was macht die Stärke dieser Macht aus? Wie konnte sie zu uns durchbrechen, wenn andere zum Verstummen gebracht wurden? Ihre Stärke ist die Kunst.

Alexander Solschenizyn ist kein Kreuzfahrer. Er ist kein Politiker. Er ist kein General. Er ist Künstler.

Solschenizyns Kunst macht die Wahrheit sichtbar. Sie ist in gewissem Sinne subversiv: sie untergräbt Heuchelei, Verblendung, sie entlarvt die *Große Lüge*.

Niemand in unserer Zeit und kaum jemand in der ganzen Geschichte hat der freien Welt die Macht des Wortes, gepaart mit Mut, so drastisch vor Augen geführt wie Alexander Solschenizyn. In unserer Zeit bedürfen wir dieser Kraft dringend. Wir brauchen sie, um die jungen und die vergeßlichen Generationen unter uns zu lehren, was es bedeutet, nicht frei zu sein. Freiheit ist nichts Abstraktes, ihr Fehlen noch viel weniger.

Solschenizyn hat uns geholfen, dies zu erkennen, dank seiner Kunst und dank seines Mutes. Seine Kunst ist eine einzigartige Gabe, die nicht übertragbar ist. Aber lassen Sie uns darum bitten, daß sein Mut ansteckend wirken möge.

Wir brauchen das Echo seiner Stimme. Wir müssen es hören

im Weißen Haus, im Kongreß, im Außenministerium, in den Universitäten und den Medien, aber auch — wenn Sie erlauben, Herr Botschafter Moynihan — in den Vereinten Nationen.
Die Amerikanische Gewerkschaftsbewegung ist von ihren Anfängen bis in die Gegenwart dem festen, unbeirrbaren Glauben an die Freiheit verpflichtet gewesen, Freiheit für die gesamte Menschheit wie auch für uns selbst. Es entspricht diesem Geist, daß wir die Ehre haben, Alexander Solschenizyn vorstellen zu dürfen.

Rede Alexander Solschenizyns am 30. Juni 1975 im Washingtoner Hilton-Hotel auf Einladung der AFL/CIO

Die meisten der heute hier Versammelten sind Menschen der Arbeit, der schöpferischen Arbeit, und ich selbst, der ich im Laufe meines Lebens nicht wenige Jahre als Maurer, Gießer und Hilfsarbeiter tätig war, möchte meine heutige Rede auch im Namen derer, die mit mir die Zwangsarbeit leisteten, wie diese beiden ehemaligen GULag-Häftlinge, die Sie eben sahen ... und im Namen derer, die heute in unserem Lande als Unterdrückte arbeiten, mit der Anrede beginnen: Brüder! Brüder der Arbeit!

Um auch die zahlreichen Ehrengäste, die hier anwesend sind, nicht zu vergessen, fügen wir hinzu: Meine Damen und Herren!

»Proletarier aller Länder, vereinigt Euch!« Wer von Ihnen (Applaus) hat diese Parole noch nicht gehört, die auf der ganzen Erde schon seit hundertfünfundzwanzig Jahren erklingt ... und heute noch können Sie sie in jeder sowjetischen Broschüre und in jeder Nummer der Zeitung *Prawda* finden. Die Führer der kommunistischen Revolution in der Sowjetunion aber haben diese Worte niemals aufrichtig und in ihrem vollen Sinne angewendet. Wenn im Laufe der Jahrzehnte so viel Lüge zusammenkommt, dann vergessen wir jene tiefverwurzelte, ursprüngliche Lüge, die nicht an den Zweigen des Baumes wächst, sondern sich schon in seinen Wurzeln befand.

Heute ist es kaum noch möglich, sich zu erinnern und das zu glauben. Ich habe kürzlich eine Broschüre aus dem Jahre 1918 neu herausgegeben. Es ist eine wörtliche Niederschrift einer Versammlung aller Vertreter der Fabriken und Werke von Petrograd, jener Stadt also, die man bei uns die Wiege der Revolution nennt. Ich wiederhole, das war im März 1918.

Vier Monate waren gerade seit der Oktoberrevolution vergangen, und alle Vertreter der Petrograder Fabriken und Werke verfluchten die Kommunisten, die sie mit all ihren Versprechungen getäuscht hatten. Ja, noch mehr, sie hatten nicht nur Petrograd in Hunger und Kälte zurückgelassen, indem sie selbst von Petrograd nach Moskau flüchteten, sondern auch Arbeitermassen in den Fabrikhöfen mit Maschinengewehren niedergeschossen, weil diese die Wahl von unabhängigen Fabrik- und Werkskomitees forderten. Ich erinnere daran, es war im März 1918.

Es geschieht heute selten, daß sich jemand daran erinnert: an die Niederschlagung des Arbeiterstreiks in Petrograd 1921, an die Massenerschießung von Kolpino 1921 ...

In der damaligen Führung, im ZK, das die kommunistische Partei am Anfang der Revolution führte, waren lauter Intellektuelle, die aus der Emigration zurückkamen, um die in Rußland bereits ausgebrochenen Unruhen als Kommunistische Revolution weiterzuführen. Nur einer von ihnen war ein echter Arbeiter — ein hochqualifizierter Dreher zeit seines Lebens ... Das war ALEXANDR SCHLJAPNIKOW.

Wer kennt heute noch diesen Namen? Man kennt ihn gerade deshalb nicht, weil er der Repräsentant der wahren Arbeiterinteressen in der kommunistischen Führung war. In den Jahren vor der Revolution leitete jener SCHLJAPNIKOW die ganze kommunistische Partei, und nicht LENIN, der in der Emigration lebte. Im Jahr 1921 führte SCHLJAPNIKOW die Arbeiteropposition an, die nachwies, daß die kommunistische Spitze die Arbeiterinteressen verraten hatte, daß sie das Proletariat unterdrückt und unterjocht hatte und daß sie sich in eine Bürokratie verwandelt hatte. SCHLJAPNIKOW verschwand und kam nicht wieder. Er wurde später verhaftet, da er aber standhaft blieb, wurde er im Gefängnis erschossen, und sein Name ist möglicherweise heute sogar hier vielen unbekannt. Ich aber erinnere daran: vor der Revolution stand an der Spitze der kommunistischen Partei Rußlands SCHLJAPNIKOW, nicht LENIN.

Seit dieser Zeit war die Arbeiterklasse nicht mehr imstande, ihre Rechte durchzusetzen. Und im Unterschied zu allen Ländern des Westens bekommt unsere Arbeiterklasse nur das, was man ihr gewährt; sie bekommt nur Almosen. Sie kann nicht einmal ihre einfachsten Alltagsinteressen verteidigen, und der kleinste Streik für Lohn oder bessere Lebensbedingungen wird als Konterrevolution betrachtet. Wegen der Verschwiegenheit des sowjetischen Systems haben Sie wahrscheinlich weder etwas vom Streik der Textilarbeiterinnen in der Stadt Iwanowo im Jahr 1930 gehört, noch von den Arbeiterunruhen 1961 in den Städten Alexandrow und Muromsk, noch von dem großen Arbeiteraufstand 1962 in Nowotscherkassk, bereits zu den Zeiten Chruschtschows, nach allen Tauwettern.

Über diese Dinge wird bald Genaueres in Ihrem Lande zu lesen sein, nämlich in meinem Buch, *Archipel GULag*, Band 3. Es handelt sich um die Vorfälle, als Arbeiter in einer friedlichen Demonstration mit Leninbildern zum Stadtkomitee der Partei marschierten, um eine Veränderung ihrer wirtschaftlichen Lebensbedingungen zu erbitten; man hatte auf sie mit Maschinengewehren und Maschinenpistolen geschossen und die Menge mit Panzern auseinandergetrieben. Die Familien konnten selbst ihre Verwundeten und Ermordeten nicht mitnehmen: man hat sie heimlich weggeschafft.

Gerade den hier Anwesenden brauche ich nicht zu erklären, daß es in unserem Lande nach der Revolution keine freien Gewerkschaften gegeben hat und auch heute noch nicht gibt. Es steht den Führern der britischen Gewerkschaften frei, dieses unwürdige Spiel mitzuspielen, Besuche bei diesen Pseudo-Gewerkschaften zu machen und sich um Gegenbesuche zu bemühen. Die AFL/CIO aber ist niemals diesen Illusionen erlegen, niemals. (Applaus) Die amerikanische Arbeiterbewegung ließ sich niemals blenden, wenn man Sklaverei für Freiheit ausgab. Auch ich danke Ihnen heute dafür im Namen aller unserer Unterdrückten! (Applaus) Als die Besserwisser und liberalen Denker, die die Bedeutung des Wortes »Liberty« vergessen hatten, hier im Westen schworen, daß es in der Sowjetunion keinerlei Konzentrationslager gäbe, veröffentlichte die AFL/CIO 1947 eine Karte unserer Lager.

Ich bedanke mich dafür bei Ihrer amerikanischen Gewerkschaftsbewegung im Namen aller Häftlinge aus jener Zeit! (Applaus)

Aber genauso, wie wir Sie als Verbündete empfinden, gibt es noch ein anderes Bündnis. Auf den ersten Blick ist es ein wunderliches und erstaunliches Bündnis, wenn man es aber durchdenkt, ist es sogar ein sehr begründetes und verständliches Bündnis. Es ist das Bündnis unserer kommunistischen Führer mit Ihren Kapitalisten. (Applaus) Dieses Bündnis ist nicht neu. Der heute noch überaus gesunde und sehr ruhmreiche Armand HAMMER legte dazu den Grundstein. Er machte einen ersten Versuch schon unter LENIN, in den allerersten Revolutionsjahren. Dieser Versuch erwies sich als außerordentlich erfolgreich, und seit jener Zeit, seit fünfzig Jahren also, beobachten wir eine ununterbrochene, ständige Unterstützung durch westliche Geschäftsleute, die den sowjetischen kommunistischen Führern geholfen haben, und ihrer schwerfälligen, widersinnigen Wirtschaft, die selbst niemals mit ihren Schwierigkeiten fertig geworden wäre. Es war eine ununterbrochene Unterstützung durch Waren und technologisches Wissen. Die Großbauten des ersten Fünfjahresplanes wurden ausschließlich mit Hilfe der amerikanischen Technologie und durch amerikanisches Material fertiggestellt. Selbst STALIN gab zu, daß zwei Drittel von allem Notwendigen aus dem Westen kam. Und wenn die Sowjetunion heute schlagkräftige Militär- und Polizeitruppen hat, in einem nach modernen Maßstäben armen Land, die sie zur Unterdrükkung unserer Freiheitsbewegung in der Sowjetunion benutzt — so sollten wir auch dafür dankbar sein, diesmal aber sollten wir dem westlichen Kapital dafür danken. Ich erinnere Sie an unlängst Geschehenes; einige von Ihnen werden es in den Zeitungen gelesen haben, andere haben es vielleicht übersehen. Auf Initiative Ihrer Geschäftsleute hin wurde in Moskau eine Ausstellung kriminologischer Technik durchgeführt. Das heißt, die neueste, die allerneueste Präzisionstechnik, wie man sie bei Ihnen für die Verbrecherjagd benutzt, zum Abhören, Observieren, Photographieren, Aufspüren, Identifizieren brachten sie nach Moskau (Applaus) für diese Ausstellung und zeigten sie, damit die sowjetischen KGB-Funktionäre sie kennenlernten, ohne angeblich gesehen zu haben, *welche* Verbrecher das KGB jagt. Die Sowjetregierung hatte ein außerordentliches Interesse an dieser Technik bekundet und entschied sich für den Ankauf; und Ihre Geschäftsleute hätten gerne verkauft. Aber erst als hier einzelne nüchterne Stimmen laut wurden, unterließ man diesen Geschäftsabschluß, der Handel kam nicht zustande; aber nur durch diese Kritik. Aber man muß die Geschicklichkeit des KGB kennen: diese Ausstellung hätte nicht zwei oder drei Wochen in sowjetischen Räumen unter sowjetischer Bewachung zu dauern brauchen, damit die KGB-Funktionäre alles ansehen und kopieren konnten, nein, zwei, drei Nächte hätten genügt. Und wenn heute bei uns die Menschenjagd mit Hilfe der allerbesten und modernsten Technik abläuft, so kann ich heute ebenfalls Ihren westlichen Kapitalisten dafür danken!

Das ist es ja, was der menschliche Verstand kaum begreifen kann: Diese brennende Profitgier, die nur Geld scheffeln will, ohne Vernunft, ohne Selbstbeherrschung, völlig gewissenlos. (Applaus) Ich muß auch sagen, daß LENIN alles das vorausgesagt hatte. LENIN, der die meiste Zeit seines Lebens im Westen und nicht in Rußland verbrachte, kannte den Westen sowieso besser als Rußland — er hatte immer darüber geschrieben und gesprochen, daß die westlichen Kapitalisten alles tun würden, um die Wirtschaft der UdSSR zu festigen. Sie würden sich beim Verkauf an uns gegenseitig bei Preisen und Lieferfristen unterbieten, damit nur die Sowjets bei diesem und nicht bei jenem kauften. Er sagte: Sie werden uns alles bringen, ohne sich die Zukunft vor-

stellen zu können. Und in den schweren Minuten, auf dem Parteitag in Moskau, sagte er: »Genossen, geraten Sie nicht in Panik; wenn es uns sehr schlechtgehen wird, werden wir der Bourgeoisie den Strick überreichen, mit dem sie sich dann selbst erwürgt!« Darauf erwiderte KARL RADEK — vielleicht haben Sie von ihm gehört, er war ein schlagfertiger Spötter —: »Wladimir Iljitsch, woher sollten wir denn so viele Stricke nehmen, damit die ganze Bourgeoisie sich erwürgen kann?« Und Lenin antwortete sofort: »Die Bourgeoisie wird uns die Stricke selbst verkaufen.« (Applaus)
Jahrzehntelang — in den zwanziger, dreißiger, vierziger und fünfziger Jahren — schrieb die ganze Sowjetpresse: »Westlicher Kapitalismus, Du bist am Ende! Wir vernichten Dich!« Die Kapitalisten aber konnten es nicht verstehen, konnten es nicht glauben; sie taten, als hätten sie nichts gehört.
NIKITA CHRUSCHTSCHOW kam hierher und sagte: »Wir werden Sie beerdigen!« Sie glaubten es nicht, sie hielten es für einen Scherz. Heute ist man bei uns natürlich klüger geworden; jetzt sagen sie nicht mehr: »Wir werden Euch beerdigen«, jetzt sagt man: Entspannung (Applaus). Nichts hat sich in der kommunistischen Ideologie geändert, auch die Ziele sind die gleichen geblieben, nur statt des einfältigen Geredes von CHRUSCHTSCHOW, der seinen Mund nicht halten konnte, sagt man jetzt »Entspannung«.
Damit Sie dieses Problem besser verstehen, werde ich mir einen kleinen historischen Überblick erlauben über die Beziehungen, die man in verschiedenen Perioden mal »Handel«, mal »Stabilisierung der Verhältnisse«, mal »Anerkennung der Realität«, dann wie heute »Entspannung« nannte. Diese Beziehungen haben eine mindestens vierzigjährige Geschichte. Ich möchte Sie daran erinnern, mit *welchem* System sie begannen. Mit folgendem: Es war ein System, das durch einen bewaffneten Aufstand zur Macht kam, das die Konstituierende Versammlung auseinandertrieb; das vor Deutschland, dem damaligen gemeinsamen Feind, kapitulierte; das ohne Gericht Gegner verurteilte und bestrafte; das die

Streiks der Arbeiter unterdrückte; das das Dorf so sehr ausplünderte, daß die Bauernaufstände folgten, die es dann blutig unterdrückte; das die Kirche zerschlug; das in zwanzig Gouvernements im Lande Hungersnöte verursachte, jene berüchtigte Hungersnot an der Wolga im Jahre 1921. Das war ein ganz typischer kommunistischer Trick: Die Macht wird übernommen, ohne zu berücksichtigen, daß die Produktivkräfte brachliegen, die Felder nicht bestellt werden, die Fabriken stillstehen, das Land im Hunger und Elend versinkt. Wenn dann aber Hunger und Elend herrschen, wird die Welt um humanitäre Hilfe zur Ernährung des Landes gebeten.

Heute sehen wir dasselbe in Nordvietnam, auch in Portugal, und auch 1921 war es so in Rußland.

Nachdem Rußland durch den dreijährigen Bürgerkrieg verwüstet worden war (das war die Parole der Kommunisten — der Bürgerkrieg, das war LENINS Ziel — der Bürgerkrieg, lesen sie LENIN — das war sein Werk und seine Parole), wandte man sich an Amerika mit der Bitte: »Amerika, ernähre unsere Hungrigen!« Und tatsächlich, das großzügige Amerika hat unsere Hungernden ernährt. Es wurde die sogenannte ARA (American Relief Administration) geschaffen, an deren Spitze Ihr späterer inzwischen schon verstorbener Präsident HOOVER stand. Und tatsächlich hat diese, Ihre Organisation das Leben von Millionen Russen gerettet.

Aber welcher Dank wurde Ihnen zuteil? Man hat sich in der UdSSR nicht nur bemüht, das alles aus dem Gedächtnis des Volkes zu löschen, es ist auch fast unmöglich, in der Sowjetpresse Hinweise zu finden, daß es diese ARA einmal gegeben hat. Man hatte sogar den Vorwurf erhoben, es sei eine getarnte Spionageorganisation gewesen, ein geschickter Plan des amerikanischen Imperialismus, um Rußland mit einem Spionagenetz zu überziehen.

Ich wiederhole und fahre fort:

Es war das System, das als erstes in der Welt die Konzentrationslager eingeführt hat;

es war das System, das zum ersten Mal im XX. Jahrhundert die Sippenhaft eingeführt hat, das heißt, man verhaftet nicht den, den man verfolgt, sondern seine Familie oder einfach irgend jemanden und erschießt ihn.
Diese Sippenhaft gibt es auch heute noch; es ist auch heute das wirksamste Mittel der Verfolgung, da auch die mutigsten Menschen, die um sich keine Angst haben, zittern, wenn ihre Familie bedroht wird.
Es war das System, das vor Hitler, ja lange vor Hitler, die Pseudoregistrierung eingeführt hatte, das heißt, man gibt bekannt, die und die Leute haben sich registrieren zu lassen; wenn sie sich dann zur Registrierung melden, führt man sie zur Vernichtung ab. Nach dem damaligen Stand der Technik gab es bei uns noch keine Gaskammern, dafür gab es Lastkähne, man pferchte in die Lastkähne Menschen zu Hunderten, zu Tausenden zusammen und versenkte sie dann.
Es war das System, das die Menschen mit allen seinen Dekreten betrog: im Dekret über die Bodenreform, im Dekret über den Frieden, im Dekret über die Fabriken und im Dekret über die Pressefreiheit.
Es war das System, das alle anderen Parteien vernichtet hat. Ich bitte Sie, es richtig zu verstehen: Es vernichtete nicht einfach die Parteien, indem es sie auflöste, es vernichtete deren *Mitglieder, alle Mitglieder der anderen Parteien* und dadurch die Parteien.
Es war das System, das den Genozid der Bauernschaft einführte: Fünfzehn Millionen Bauern wurden in den Tod geschleppt.
Es war das System, das die Leibeigenschaft, das sogenannte »Paßregime« einführte.
Es war das System, das in der Ukraine in der Friedenszeit künstlich eine Hungersnot erzeugte. Sechs Millionen Menschen verhungerten im Jahre 1932/33 in der Ukraine, am Rande Europas! In Europa starben sie, und Europa merkte es nicht und die Welt hat es nicht bemerkt.
Sechs Millionen Menschen!

Ich könnte diese Aufzählung fortsetzen, aber ich muß hier aufhören. Ich muß hier aufhören, weil ich jetzt beim Jahr 1933 angelangt bin. Genau das Jahr war es, mit all diesen Ereignissen, die ich aufgezählt habe, in dem Ihr Präsident ROOSEVELT und Ihr Kongreß dieses System der diplomatischen Anerkennung, der Freundschaft und der Hilfe für würdig befanden.

Ich erinnere daran, daß der große WASHINGTON nicht einverstanden war, den französischen Convent seiner Brutalität wegen anzuerkennen. Ich erinnere daran, daß es auch 1933 in Ihrem Lande Stimmen gab, die sich gegen die Anerkennung der Sowjetunion aussprachen. Jedoch, die Anerkennung wurde ausgesprochen und damit der Grundstein zur Freundschaft und bald zum Militärbündnis gelegt.

Erinnern wir uns, daß die USA und die amerikanische Presse im Jahre 1904 die japanischen Siege bejubelten und daß damals alle eine Niederlage Rußlands wünschten, weil Rußland ein konservatives Land war. Ich erinnere daran, daß die Amerikaner 1914 Frankreich und England Vorwürfe machten, weil sie mit einem so konservativen Land wie Rußland ein Bündnis eingegangen waren.

Umfang und Tendenz meiner heutigen Rede erlauben es mir nicht, noch weiteres über das vergangene Rußland zu sagen. Ich möchte nur noch sagen, daß der Westen seine Information über das vorrevolutionäre Rußland von einer wenig kompetenten oder wenig gewissenhaften Seite bekam. Ich führe zum Vergleich nur ein paar Zahlen an, die Sie im *Archipel GULag*, Band 1 nachlesen können; diesen Band gibt es schon in Amerika, vielleicht haben ihn auch schon viele gelesen. Hier sind die Zahlen. Nach Zählung von Fachleuten, nach der exaktesten, objektiven Statistik wurden im vorrevolutionären Rußland, in einem Zeitraum von achtzig Jahren vor der Revolution bis zu der Revolution — es waren die Jahre der revolutionären Bewegung, der Attentate auf den Zaren, der Ermordung des Zaren, der Revolution, — siebzehn Menschen im Jahr hingerichtet. Siebzehn Menschen im Jahr.

Die berüchtigte Inquisition hatte in den Jahrzehnten, in denen ihr die meisten Menschen zum Opfer fielen, zehn Menschen im Monat hingerichtet. Ich zitiere im *Archipel* ein Buch, das die Tscheka 1920 selbst herausgab. Voller Stolz geben sie Rechenschaft über ihre revolutionäre Arbeit für 1918 und 1919. Sie entschuldigen sich dafür, daß ihre Angaben nicht ganz vollständig seien. Hier sind sie: In den Jahren 1918 und 1919 hat die Tscheka ohne Gerichtsverhandlung *mehr als tausend Menschen im Monat erschossen*! Das schrieb die Tscheka selbst, als sie noch nicht begriff, wie das eines Tages in der Geschichte aussehen würde. Auf dem Höhepunkt des Stalinschen Terrors, in den Jahren 1937/38, erhält man bei Aufteilung der Zahl der Erschossenen auf die Zahl der Monate einen Durchschnitt von *mehr als vierzigtausend Erschossenen im Monat*! Das sind die Zahlen: zehn Menschen im Monat, mehr als tausend im Monat und mehr als vierzigtausend im Monat! So steigerte sich das, was für den demokratischen Westen den Abschluß eines Bündnisses mit jenem Rußland erschwerte.

Und mit diesem Land, mit dieser Sowjetunion, ging im Jahre 1941 *die gesamte vereinigte demokratische Welt ein Kriegsbündnis ein*: England, Frankreich, die Vereinigten Staaten, Kanada, Australien und andere kleinere Länder.

Wie ist das zu erklären? Wie kann man das begreifen?

Mehrere Erklärungen sind möglich. Ich denke, die erste Erklärung könnte sein, daß die ganze vereinigte demokratische Welt gegen das Deutschland Hitlers zu schwach war. Wenn das so war, dann wäre es ein furchtbares Zeichen. Es wäre ein schreckliches Omen für heute. Wenn alle diese Länder zusammen mit dem kleinen Hitlerdeutschland nicht fertig wurden, was werden sie dann jetzt machen, da mehr als die Hälfte der Welt vom Totalitarismus überflutet ist?

Ich möchte diese Erklärung nicht annehmen. Vielleicht gibt es aber dann eine zweite Erklärung: War es einfach nur die Panik, die Angst der Staatsmänner? Sie glaubten einfach nicht an sich selbst, sie hatten keine Entschlußkraft und gin-

gen in dieser Verwirrung das Bündnis mit dem sowjetischen Totalitarismus ein? Auch das wäre für den Westen wenig schmeichelhaft. Oder letztlich eine dritte Erklärung: War es Absicht, daß die Demokratie sich nicht selbst verteidigen wollte, sondern wünschte, daß das ein anderer, nämlich der sowjetische Totalitarismus tun sollte? Ich spreche nicht über eine moralische Bewertung dieser Dinge, darüber später. Aber welche Einfalt, welche Kurzsichtigkeit! Welch ein tiefer Selbstbetrug. Es gibt bei uns ein Sprichwort: »Rufe nicht den Wolf als Helfer gegen die Hunde!« Wenn die Hunde Dich überfallen und zerfleischen wollen, dann schlage die Hunde! Schlage die Hunde und rufe nicht den Wolf herbei! (Applaus) Denn wenn die Wölfe kommen, werden sie die Hunde zerreißen oder wegjagen, dann aber Dich selbst auffressen.
Die demokratische Welt hätte einen Totalitarismus nach dem anderen zerschlagen können, den deutschen erst, dann den sowjetischen. Statt dessen hat sie den sowjetischen Totalitarismus gefestigt und einem dritten Totalitarismus zum Leben verholfen, dem chinesischen. Und das alles entwickelte sich weiter bis zur heutigen Lage in der Welt. Roosevelt rief dann auch in einem seiner letzten Toasts in Teheran aus: »Ich zweifle nicht daran, daß wir drei (Roosevelt, Churchill und Stalin) unsere Völker im Einklang mit ihren Wünschen und Zielen führen.« Wie ist es zu erklären? — Sollen sich die Historiker damit beschäftigen. Wir hörten damals zu und wunderten uns. Wir dachten, wenn wir nach Europa kommen, dann begegnen wir den Amerikanern und erzählen es ihnen. Ich war bei den Truppen, die direkt auf die Elbe zu marschierten. Es hatte nicht viel gefehlt, und ich wäre an der Elbe gewesen und hätte Ihren amerikanischen Soldaten die Hand gedrückt. Kurz davor kam ich ins Gefängnis. Damals fand die Begegnung nicht statt. Heute, nach so vielen Jahren, hat die gleiche Hand, die mich damals ins Gefängnis warf, mich hierhergeworfen. Und so kam es statt zu jener Begegnung an der Elbe zu unserem heutigen Treffen. (Applaus) Mit einer Verspätung von dreißig Jahren! Für mich

ist das heute hier die Elbe! Was ich Ihnen heute, als ein Freund Amerikas, sagen will, ist das gleiche, was wir, als Freunde Amerikas, damals sagen wollten; übrigens hat man unseren Soldaten auch damals an der Elbe nicht erlaubt, das zu sagen. Hier noch ein russisches Sprichwort: »Der Mißgünstige redet nach dem Munde, der Freund aber sagt seine Meinung.« Gerade weil ich ein Freund Amerikas bin, gerade weil Freundesgefühle meine Rede beflügeln, bin ich gekommen, um Ihnen zu sagen: Meine Freunde, ich werde kein Süßholz raspeln. Die Weltlage ist nicht nur gefährlich, die Weltlage ist nicht nur bedrohlich, die Weltlage ist ka-ta-stro-phal. (Applaus)
Es geschah etwas, das für den einfachen Menschenverstand unfaßbar ist. Wir dort, jedenfalls, wir dort, wir, die machtlosen sowjetischen Durchschnittsbürger, wir konnten es nicht begreifen. Jahr um Jahr und Jahrzehnt um Jahrzehnt ... — Was ist es? Wie ist es zu erklären? England, Frankreich und die Vereinigten Staaten sind die Siegermächte des Zweiten Weltkrieges. Siegermächte diktieren immer den Frieden. Sie stellen Bedingungen, sie handeln so, wie es ihrer Philosophie und ihren Vorstellungen von Freiheit und nationalen Interessen entspricht. Doch angefangen mit Jalta haben Ihre westlichen Staatsmänner in unerklärlicher Weise eine Kapitulation nach der anderen unterschrieben. Niemals hat der Westen, hat Ihr Präsident Roosevelt der Sowjetunion irgendwelche Bedingungen für die geleistete Hilfe gestellt. Er hat uneingeschränkt geholfen, dann aber uneingeschränkt nachgegeben.
Schon in Jalta wurde ohne jeden Zwang stillschweigend die Okkupation der Mongolei, Moldawiens, Estlands, Lettlands und Litauens anerkannt. In der folgenden Zeit wurde nichts für die Verteidigung Osteuropas getan, und man gab noch sieben bis acht Länder Osteuropas preis.
Stalin forderte die Herausgabe jener Sowjetbürger, die nicht in ihre Heimat zurückkehren wollten. Und die westlichen Länder gaben eineinhalb Millionen Menschen heraus. Man gab sie heraus? Mit Gewalt lieferte man sie aus. Englische

Soldaten töteten die Russen, die nicht zu Stalin in die Gefangenschaft gehen wollten und trieben sie mit Gewalt Stalin zur Vernichtung zu. Jetzt ist es bekanntgeworden, vor gar nicht langer Zeit, einige Jahre ist es erst her. Anderthalb Millionen Menschen!
Wie konnte die westliche Demokratie das nur tun? Und die letzten dreißig Jahre sind Jahre des ständigen Rückzugs und der Preisgabe eines Landes nach dem anderen. Das führte so weit, daß es heute auch schon in Afrika Sowjetsatelliten gibt und fast das ganze Asien schon von den Kommunisten erobert ist. Und jetzt beginnt Portugal in den Abgrund zu stürzen. In dreißig Jahren wurde dem Totalitarismus mehr preisgegeben, als irgendwann einmal in der Weltgeschichte ein Land nach einer Niederlage aufgeben mußte. Es gab keinen Krieg, aber das Resultat ist das gleiche. Wir, im Osten, konnten es lange nicht verstehen. Wir konnten die Brüchigkeit des in Vietnam abgeschlossenen Waffenstillstandes nicht verstehen. Das heißt, jeder sowjetische Durchschnittsmensch begriff, daß das eine ganz schlaue Konstruktion war, die Nordvietnam die Möglichkeit gab, an jedem ihm genehmen Tage in Südvietnam einzumarschieren. Und dann wird das mit dem Friedensnobelpreis ausgezeichnet. Ein tragischer und ironischer Preis! (Applaus) Eine gefährliche Stimmung kann während eines solchen dreißigjährigen Rückzuges entstehen. Schon entsteht ja in der Welt eine solche Einstellung, je schneller man nachgibt, je schneller man weggibt, um so eher wird ein wie auch immer gearteter Frieden eintreten, wird es Ruhe geben. So schrieben auch jetzt viele Zeitungen im Westen: Je eher das Blutvergießen in Vietnam zu Ende geht, um so eher wird die nationale Einigung vollzogen. (An der Mauer in Berlin erinnert niemand an die nationale Einigung.) Eine Ihrer führenden Zeitungen aber versah nach Beendigung des Vietnamkriegs eine ganze Seite mit der Überschrift: »Segensreiche Stille«. Selbst einem Feind würde ich eine solche segensreiche Stille nicht wünschen; selbst einem Feind würde ich eine solche nationale Einigung nicht wün-

schen. (Applaus) Ich war elf Jahre im Archipel, ich habe ein halbes Leben lang dieses Problem studiert. Und ich kann nur sagen, wenn ich diese schreckliche vietnamesische Tragödie aus der Ferne betrachte: Eine Million Menschen wird einfach vernichtet, vier bis fünf Millionen aber werden, bei den Verhältnissen in Vietnam, in Konzentrationslagern einsitzen und Vietnam wiederaufbauen. Was aber in Kambodscha geschieht, wissen Sie ja schon selbst. Genozid! Vollständige Vernichtung, aber in einer neuen Form. Wieder fehlt es an Gaskammern, weil die Technik unzureichend ist. Und deshalb wird einfach innerhalb weniger Stunden die schuldig gewordene Hauptstadt aufgelöst und ihre Bevölkerung vertrieben — Greise, Kinder, Frauen, ohne Habe, ohne Nahrung — geht und sterbt! Das ist eine sehr gefährliche Einstellung in der Welt, wenn sich die Stimmung: »Na gebt es weg!« einzuschleichen beginnt. Schon hören wir im Westen, auch in Ihrem Lande, die Stimmen: Gebt Korea weg; gebt Korea weg, und wir werden ein ruhiges Leben haben. Gebt Portugal weg, natürlich. Gebt Japan weg. Gebt Israel weg, gebt Taiwan weg, die Philippinen, Thailand, Malaysia, gebt noch zehn afrikanische Länder weg; jedoch gebt uns nur die Möglichkeit, ruhig zu leben. Gebt uns die Möglichkeit, in unseren großen Autos über unsere herrlichen Autostraßen zu fahren. Gebt uns die Möglichkeit, in Ruhe Tennis und Golf zu spielen. Laßt uns in Ruhe unsere Cocktails mixen, wie wir es gewohnt sind. Laßt uns auf jeder Seite der Magazine ein Lächeln sehen mit strahlenden Zähnen und dem Glas in der Hand. (Applaus)

Aber eine Wendung ist eingetreten: Im Westen ist dies alles in eine Anklage gegen die Vereinigten Staaten von Amerika umgeschlagen. Im Westen hört man jetzt viele Stimmen, die sagen: »Amerika, das ist Deine Schuld!« Ich muß heute hier Amerika entschieden gegen diese Anschuldigungen verteidigen! Ich muß sagen, daß von allen Ländern des Westens die USA die geringste Schuld daran haben und das meiste getan haben, um das zu verhindern. Amerika hat Europa geholfen, den Ersten und den Zweiten Weltkrieg zu gewinnen. Amerika hat Europa zweimal aus dem Nachkriegselend aufgerichtet, fünfzehn, zwanzig, fünfundzwanzig Jahre lang war Amerika der Schild, der Europa schützte, während europäische Länder ihr Geld zählten und dachten: nur nicht die eigene Armee bezahlen, am besten sie ganz abschaffen, keine Rüstungsausgaben machen oder vielleicht aus der NATO austreten; wir wissen ja, daß Amerika uns dennoch verteidigen wird. Es handelt sich bei ihnen um Länder mit einer tausendjährigen Zivilisation und Kultur, — wenn auch auf einem anderen Kontinent — aber sie sind näher an der Gefahr, sie hätten es besser begreifen müssen.

Nun bin ich in Ihr Land gekommen, zwei Monate schon bereise ich es. Ich gebe zu — hier empfindet man alles nicht so hautnah, hier kann man auch zu falschen Einschätzungen kommen, hier sind geistige Anstrengungen nötig, um die angespannte Weltlage begreifen zu können. Die Vereinigten Staaten von Amerika haben sich seit jeher als das großzügigste und freigebigste Land der Welt gezeigt. Wo immer es eine Überschwemmung, ein Erdbeben, einen Brand, eine Naturkatastrophe, eine Epidemie gibt — wer hilft als erster? Die Vereinigten Staaten. Wer hilft selbstlos und umfassend? Die Vereinigten Staaten. (Applaus)

Und welches Echo bekommen wir darauf? — Vorwürfe, Flüche, »Amerikaner, raus«, man brennt die amerikanischen Kulturzentren nieder und die Vertreter der Dritten Welt springen in der UNO auf die Tische, um gegen Amerika zu stimmen.

Doch nimmt all das nicht die schwere Verantwortung von den Schultern Amerikas. Der Gang der Geschichte, ob Sie es wollen oder nicht, der Gang der Geschichte selbst hat Sie zur führenden Weltmacht gemacht. Ihr Land darf nicht provinziell denken, Ihre Führer dürfen nicht nur an ihren Staat, an ihre Partei, an kleinliche Taktik, die ihnen zu einem staatlichen Amt verhilft oder auch nicht, denken. Und wenn eine neue politische Weltkrise ausbricht — ich glaube, daß eine sehr gefährliche Krise gerade zu Ende gegangen ist, die nächste aber in jedem Augenblick beginnen kann, — werden noch immer die Hauptentscheidungen auf den Schultern Amerikas liegen, auf den Schultern der Vereinigten Staaten.

Ich höre, seit ich hier bin, einige Äußerungen zur politischen Situation. Ich erlaube mir, das zu zitieren, was ich hier hörte. »Wer den Willen zur Verteidigung nicht besitzt, den soll man nicht verteidigen.« Ich stimme zu! Aber das ist im Hinblick auf Südvietnam gesagt worden, während in der Hälfte Europas heute und in drei Vierteln der heutigen Welt der Wille zur Verteidigung noch geringer ist als in Südvietnam. Man sagt: »Man soll nicht die verteidigen, die sich nicht selbst verteidigen können«. Aber gegen die überlegenen Kräfte des Totalitarismus, wenn er alle Kräfte einsetzt, kann sich niemand verteidigen, niemand; Japan zum Beispiel hat überhaupt keine Armee.

Man sagt: »Man soll die nicht verteidigen, die keine echte Demokratie haben«. Das ist die bemerkenswerteste Einstellung, die ich in Ihren Zeitungen lese und die ich den Äußerungen einiger Ihrer Politiker entnehme. Wer auf der Welt konnte denn jemals im Einflußbereich des Totalitarismus die echte Demokratie aufrechterhalten? Sie, die vereinigte Demokratie der Welt, konnte es nicht! Amerika, England, Frankreich, Kanada, Australien, alle zusammen konnten es nicht! Beim Aufkommen der ersten Gefahr durch Hitler streckten sie Stalin die Hand entgegen. Heißt das denn demokratisches Verhalten? Nein! (Applaus) Und dann sagt man noch (es gab mehrere solcher Verlautbarungen hintereinander): »Wenn die Sowjetunion die Entspannung zu ihren Gunsten ausnutzt, dann werden wir ...« Aber was dann? Die Sowjetunion nutzt die Entspannung für ihre Interessen aus, sie tut es und sie wird es weiterhin tun! Zum Beispiel ist sie mit China zusammen verstärkt für Entspannung, und bislang wurden drei Länder kassiert, unbemerkt wurden drei Länder in Indochina kassiert. Na ja, sicher kann man erwarten, daß China zum Trost eine Ping-Pong-Mannschaft schickt. (Gelächter) Und die Sowjetunion schickte die Flieger, die irgendwann einmal den Nordpol überflogen hatten. Und in den nächsten Tagen werden die Sowjets zusammen mit Ihren Astronauten in den Kosmos fliegen.

Ein ganz typisches Schauspiel war es, ich kann mich an jenes Jahr ausgezeichnet erinnern, es war das Jahr 1937, im Juni 1937, als TSCHKALOW, BAIDUKOW und BELJAKOW nach heroischem Überfliegen des Nordpols im Staate Washington landeten. Das war zu der Zeit, als Stalin pro Monat mehr als vierzigtausend Menschen erschießen ließ! Und Stalin wußte genau, was er tat. Er schickte die Flieger und löste bei Ihnen ein unreflektiertes Jubeln damit aus: Freundschaft zweier Länder, über den Nordpol hinweg! Es waren Helden, etwas anderes kann man nicht sagen, es waren Helden. Aber es war ein Schauspiel, allein dazu inszeniert, um Sie von den Ereignissen des Jahres 1937 abzulenken. Aber, entschuldigen Sie, ist das Jahr 1975 vielleicht ein Jubiläumsjahr dieses Ereignisses? Wieviel Jahre sind seitdem vergangen? Achtunddreißig Jahre. Ist es ein Jubiläum? Nein, man muß einfach Vietnam vertuschen. Man muß Vietnam verstecken. Und so schickte man jetzt wieder die Flieger.[1]

Im Staate Washington enthüllte man ein Denkmal für Tschkalow. Tschkalow war ein Held und eines Denkmals würdig. Um der Wahrheit willen aber hätte man hinter dem Denkmal eine Mauer errichten sollen, auf der man jene Erschießungen oder andere Morde hätte verewigen sollen. (Applaus)

Man sagt uns auch folgendes (verzeihen Sie mir, wenn ich so viele Zitate anführe, denn die gibt es ja in Ihrer Presse und im Radio zu Genüge): »Wir können nicht übersehen, daß Nordvietnam und die Roten Khmer das Abkommen mit den Füßen getreten haben. Aber wir sind bereit, in die Zukunft zu schauen!« Was ist damit gemeint? Mögen Menschen

[1] Baidukow und Beljakow; Tschkalow war 1938 verunglückt. (Anm. des Übersetzers.)

ruhig vernichtet werden, wenn aber diese Gewalttäter, diese Mörder, diese Henker uns die Entspannung anbieten, so werden wir mit Vergnügen mit ihnen auf Entspannungskurs gehen. Willy Brandt sagte einmal sinngemäß: »Ich würde auch mit Stalin Entspannungspolitik betreiben.« Das heißt, in jener Zeit, als Stalin vierzigtausend Menschen pro Monat vernichtete, hätte Willy Brandt mit ihm die Entspannungspolitik betrieben? In die Zukunft sehen! So sah man in den Jahren 1933 und 1941 in die Zukunft. Aber damals sah man schlecht voraus. Ebenso schlecht sah man auch vor zwei Jahren in die Zukunft, als der unsinnige, unverständliche Waffenstillstand in Vietnam ohne Garantien abgeschlossen wurde. Man hatte sich mit diesem Waffenstillstand so beeilt, daß man es versäumte, alle amerikanischen Soldaten aus der Gefangenschaft zu holen. Man beeilte sich so sehr, dieses Dokument zu unterschreiben, daß man eintausenddreihundert Amerikaner einfach übersah; was soll es, wir kommen auch ohne sie aus. Wie ist das möglich? Wie konnte das geschehen? Ein Teil von ihnen ist wohl tatsächlich, wie es im Kriege vorkommt, umgekommen oder verschollen. Die Führer Nordvietnams aber geben selbst zu, daß ein Teil festgehalten wird, von ihnen festgehalten. Geben sie Ihre Landsleute jetzt zurück? Nein, sie geben sie nicht zurück und stellen zudem immer wieder neue Bedingungen. Mal haben sie die Bedingung gestellt: THIEU solle zurücktreten, jetzt stellen sie die Bedingung: die Vereinigten Staaten sollen Vietnam wieder aufbauen; sonst sei es schwierig, sagen sie, sich dort zurechtzufinden — und diese Leute zu finden.

Wenn es auch der Regierung von Nordvietnam schwerfällt, Ihnen zu erklären, was mit Ihren Brüdern, mit den amerikanischen Kriegsgefangenen, die bis heute nicht zurückgekehrt sind, geschehen ist, so kann ich, aufgrund meiner Erfahrung im Archipel, es Ihnen ganz klar erklären. Es ist ein Gesetz des Archipels, daß die mit dem schwersten Los und die Standhaftesten, die Ehrlichsten, die Mutigsten und die Unbeugsamsten das Licht nie mehr erblicken werden; man darf sie

niemals mehr freilassen, weil sie dann unfaßbare Dinge erzählen würden. Ein Teil Ihrer zurückgekehrten Kriegsgefangenen erzählte Ihnen, daß man sie folterte. Das bedeutet, daß man diejenigen, die nicht zurückgekehrt sind, noch mehr folterte. Sie aber gaben nicht um ein Jota nach. Das sind Ihre besten Leute. Das sind Ihre ersten Helden, die den einsamen Zweikampf bestanden haben. (Applaus) Leider können wir sie jetzt durch unseren Applaus nicht ermutigen. Sie können ihn in ihren Einzelzellen nicht hören, wo sie sterben oder dreißig Jahre einsitzen, so wie Raoul Wallenberg, der schwedische Diplomat, falls Sie es wissen, der im Jahr 1945 in der Sowjetunion verhaftet wurde. Er sitzt nun bereits dreißig Jahre und wird nicht zurückgegeben.
Es gab bei Ihnen auch hysterische Politiker, die sagten: »Ich werde nach Nordvietnam reisen, auf die Knie fallen und auf den Knien die Entlassung unserer Kriegsgefangenen erflehen.« Das ist schon keine politische Tat mehr, das ist Masochismus! (Applaus) Damit Sie richtig verstehen, was die Entspannung in den letzten vierzig Jahren bedeutete, muß ich Ihnen etwas erzählen, was Sie sonst weder sehen noch hören können; und zwar, wie es von drüben, von unserer Seite her, aussah. Es sah so aus: Nur für die Bekanntschaft mit einem Amerikaner, nur, Gott behüte, dafür, daß man mit ihm in ein Café oder ins Restaurant ging, wurde man wegen Spionageverdachts zu zehn Jahren verurteilt. Ich berichte im *Archipel*, Band 1, von einem Fall, den mir nicht irgendein Häftling, sondern vielmehr sämtliche Mitglieder des Obersten Gerichts der UdSSR in der kurzen Zeit, während derer ich unter Chruschtschow wohlgelitten war, erzählt hatten: ein Sowjetbürger hatte die Vereinigten Staaten besucht und erzählte nach der Rückkehr: »Die Autostraßen in den Vereinigten Staaten sind ganz ausgezeichnet.« Der KGB verhaftete ihn und forderte zehn Jahre. Der Richter aber sagte: »Ich will nicht widersprechen, trotzdem ist das Beweismaterial ein bißchen zu gering; man müßte noch etwas ergänzen, irgendwas.« Dieser Richter wurde,

weil er zu widersprechen wagte, nach Sachalin verbannt, und jener Angeklagte hat zehn Jahre bekommen. Denken Sie nur, welche Lüge und welches Lob für den amerikanischen Imperialismus er aufgetischt hatte: die Autostraßen in Amerika sind gut! Dafür zehn Jahre! In den Jahren 1945 und 1946 gingen durch unsere Gefängnisse viele Menschen, die aus ähnlichen Gründen einsaßen; ich spreche nicht von jenen, die mit Hitler zusammengearbeitet haben (es gab auch solche) oder denen, die irgendwie schuldig waren, sondern von jenen, die einfach nur im Westen gewesen und durch die Amerikaner aus deutscher Kriegsgefangenschaft befreit worden waren. Denn wer von den Amerikanern befreit worden war, der galt als Verbrecher; bedeutete es doch, daß er ein schönes, strahlendes Leben gesehen hatte. Wenn er heimkommt, wird er davon erzählen. Das Schrecklichste ist doch nicht das, was er getan hat, sondern was er erzählen wird. Alle diese bekamen zehn Jahre.

Während des letzten Nixonbesuchs in Moskau haben Ihre amerikanischen Korrespondenten eine Reportage auf westliche Art durchgeführt: Eine Reportage in Moskauer Straßen. »Ich gehe mit meinem Mikrophon auf die Straße und frage die einfachen Sowjetmenschen: Sagen Sie bitte, was denken Sie über die Begegnung Nixon-Breschnew?« Es war erstaunlich, ohne Ausnahme sagten alle: »Eine prächtige Sache, ich bin sehr zufrieden, ich bin begeistert!« Wie kommt das? Wie soll man das verstehen? Nun, wenn ich auf der Straße gehe und zu mir kommt ein Amerikaner mit einem Mikrophon und fragt mich, dann weiß ich genau, daß von der anderen Seite ein KGB-Funktionär kommt, auch mit einem Mikrophon; und der registriert alles, was ich sage. Ich sage etwas — und schon bin ich im Gefängnis. Und so antworte ich: »Ja, ja, es ist prächtig, ich habe nie etwas Besseres gesehen.« (Applaus) Was sind solche Korrespondenten wert, die ohne das geringste Nachdenken Reportagen so wie im Westen machen?

Sie haben uns durch das Leih-und-Pacht-Abkommen lange

Jahre geholfen, jedoch bei uns setzte man alles daran, es vergessen zu machen, aus dem Gedächtnis zu löschen, sich nach Möglichkeit nicht mehr daran zu erinnern. Nun habe ich, bevor ich in diesen Saal kam, meine Ankunft in Washington etwas hinausgeschoben, um vorher ein wenig das einfache Amerika kennenzulernen. Ich war in einigen Staaten, habe mit den Menschen von der Straße gesprochen. Was man mir erzählte, hörte ich zum erstenmal: Daß eine Gesellschaft für sowjetisch-amerikanische Freundschaft in den Kriegsjahren in allen Staaten der USA Hilfsgüter für die sowjetischen Menschen gesammelt habe: Warme Sachen, Lebensmittel, Geschenke; sie seien nach Rußland geschickt worden. Wir aber haben sie weder gesehen noch erhalten; sie wurden vermutlich an die privilegierten Gruppen verteilt; niemand hatte uns überhaupt etwas davon gesagt. Ich erfuhr es jetzt, in diesem Monat, bei Ihnen in den Staaten.

Alles Negative, das man über Amerika überhaupt sagen kann, ist schon in der Stalinzeit gesagt worden. Das alles liegt wie schwerer Bodensatz auf dem Boden der russisch-amerikanischen Beziehungen, das alles kann jeden Tag wieder aufgewühlt werden. An jedem beliebigen Tag können die Zeitungen mit der Schlagzeile »Der blutige amerikanische Imperialismus will die Welt erobern« herauskommen. Dann wird dieses Gift wieder an die Oberfläche kommen. Viele unserer Menschen werden daran glauben und werden sich davon anstecken lassen. Dann wird man Sie wieder als die Aggressoren betrachten. So wird die Entspannung unsererseits geführt.

Das Sowjetsystem ist so geschlossen, daß es kaum möglich ist, es von hier aus zu begreifen. Ihre hochgelehrten Theoretiker schreiben wissenschaftliche Werke; sie versuchen zu erklären und zu verstehen, was dort geschieht. Hier sind einige dieser naiven Erklärungen, die uns sowjetischen Menschen einfach lächerlich vorkommen. Einmal sagt man, die sowjetischen Führer hätten ihre menschenfeindliche Ideologie jetzt abgelegt. Mitnichten, sie haben sie auf keinen Fall abgelegt. Ein anderes Mal sagt man, im Kreml gäbe es »Linke« und »Rechte« und sie bekämpften sich; wir sollten uns so verhalten, daß wir den »Linken« nicht schadeten. All das ist Phantasie: Die Linken ... die Rechten. Natürlich gibt es dort einen gewissen Machtkampf, im wesentlichen aber vertreten sie alle das gleiche. Es gibt auch eine Theorie, daß jetzt, dank dem technischen Fortschritt, die Technokratie in der Sowjetunion an Einfluß gewänne, daß die Ingenieure einflußreicher würden, und da die Ingenieure jetzt die Wirtschaft leiteten, würden bald sie unser Schicksal bestimmen, und nicht die Partei. Ich sage Ihnen, die Ingenieure werden genausowenig unser Schicksal bestimmen, wie bei Ihnen die Generäle das Schicksal der Armee, nämlich — gleich Null. Alle werden so handeln, wie die Partei es ihnen sagt.

Urteilen Sie doch selbst, wie unser System ist. Es ist ein System, unter dem seit vierzig Jahren keine freien Wahlen stattfinden. Der Wahlvorgang ist ein Schauspiel, eine Komödie. Es ist ein System, in dem es keine gesetzgebenden Organe gibt. Es ist ein System mit abhängiger Presse, mit abhängigen Gerichtsorganen. Ein System, in dem das Volk keinerlei Einfluß hat — weder in der Außen- noch in der Innenpolitik. Ein System, in dem jeder Gedanke, der nicht vom Staate kommt, unterdrückt wird. Übrigens ist das elektronische Abhören bei uns alltäglich, gehört zum normalen Leben. Bei Ihnen gab es einen Fall von elektronischem Abhören, der das ganze Land eineinhalb Jahre lang erschütterte. Bei uns ist das alltäglich. Das gibt es fast in jeder Wohnung, in jeder Behörde, wir haben uns daran gewöhnt — uns wundert das gar nicht mehr.

Es ist ein System, in dem die entlarvten Henker von Millionen von Menschen, wie Molotow, und auch die unbedeutenderen, nie vor ein Gericht gestellt wurden und hohe Pensionen beziehen und sich weiterhin höchster Gunst erfreuen. Es ist ein System, in dem auch heute noch für jeden Ausländer eine Scheinwelt aufgebaut wird und abkommandierte Sowjetmenschen ihn umgeben, die am Drehbuch mit-

schreiben. Es ist ein System, in dem nicht einmal die eigene Verfassung auch nur einen einzigen Tag befolgt wurde, wo alle Entscheidungen geheim, in irgendeiner verantwortungslose Clique reifen, von wo sie wie ein Blitz auf uns und auf Sie niederzucken. Und was sind schon die Unterschriften dieser Leute wert? Wie kann man sich auf ihre Unterschrift unter den Entspannungsdokumenten verlassen? Sie können ja jetzt Ihre Experten fragen und sie werden Ihnen sagen, daß die Sowjetunion es sogar in den letzten Jahren fertiggebracht hat, chemische Waffen und Raketen zu entwickeln, die noch moderner sind als die der Vereinigten Staaten.
Was kann man aus alledem schließen? Ist Entspannung notwendig oder nicht? Sie ist nicht nur notwendig; sie ist sogar notwendig wie die Luft zum Atmen! Es ist die einzige Rettung für die Welt, daß an Stelle eines Weltkrieges die Entspannung kommt. Aber es muß eine echte Entspannung sein. Schon jetzt ist sie durch das unpassende Wort Entspannung verdorben: Bei uns heißt es Entspannung, bei Ihnen Détente. Vielleicht sollte man ein anderes Wort dafür finden. Ich meine, daß es für eine solche echte Entspannung sogar nur wenig echte Kriterien gibt. Nach meiner Meinung würden schon drei echte Merkmale ausreichen. Das erste Merkmal wäre: Abrüstung, nicht nur militärisch, sondern auch in bezug auf Gewalt. Nicht nur der Kriegsapparat müßte verschwinden, sondern auch der Apparat zur Gewaltanwendung; das heißt, nicht nur jene Waffen müßten beseitigt werden, mit denen man die Nachbarn, sondern auch jene, mit denen man die eigenen Landsleute vernichtet. (Applaus) Das ist keine Entspannung, wenn wir heute mit Ihnen zusammen eine schöne Zeit verbringen, dort aber die Menschen stöhnen und umkommen. Und in den psychiatrischen Anstalten ist um diese Zeit Abendvisite, zum dritten Mal werden die Medikamente gespritzt, die Gehirn und Mensch zerstören. Als zweites Entspannungsmerkmal würde ich folgendes nennen: Die Entspannung darf nicht auf einem Lächeln oder auf mündlichen Zugeständnissen beruhen, son-

dern auf Stein. Alle kennen das Bibelwort: »Baue nicht auf Sand, sondern auf Stein«. Es muß also Garantien dafür geben, daß die Entspannung nicht über Nacht oder eines Morgens abgebaut wird. (Applaus) Dazu ist es jedoch notwendig, daß es auf der anderen (sowjetischen) Seite für die Entspannungspolitik eine Kontrolle gibt: Kontrolle durch die Öffentlichkeit, durch die Presse und durch ein freies Parlament. Solange es eine solche Kontrolle aber nicht gibt, gibt es auch keine Garantien. (Applaus) Die dritte einfache Bedingung aber ist: Was ist das für eine Entspannung, wenn menschenfeindliche Propaganda getrieben wird, das, was man in der Sowjetunion stolz den ideologischen Krieg nennt? So nicht — wenn Freundschaft, dann echte Freundschaft, wenn Entspannung, dann echte Enspannung! Der ideologische Krieg muß beendet werden!

Die Sowjetunion und die kommunistischen Länder sind geschickte Verhandlungspartner. Sie wissen, wie man so etwas macht. Lange, lange überhaupt nicht nachgeben, dann aber kleine Konzessionen machen. Und schon bricht der Jubel aus: Sie geben nach, es ist Zeit, den Vertrag zu unterzeichnen! Nehmen Sie die europäische Sicherheitskonferenz der fünfunddreißig Länder. Zwei Jahre lang schleppten sich die Verhandlungen äußerst qualvoll dahin, strapazierten die Nerven, und dann gab man nach: Einige Frauen aus den kommunistischen Ländern dürfen jetzt Ausländer heiraten und einigen Journalisten wird es erlaubt sein, irgendwo ein wenig herumzureisen.

Sie gestehen ein Tausendstel des natürlichen Rechts zu, was eigentlich von Anfang an außerhalb der Verhandlungen hätte stehen müssen, und schon hören wir im Westen viele Stimmen: Sie geben nach, es ist Zeit, zu unterschreiben! In diesen zwei Jahren der Verhandlungen verstärkte sich in allen Ländern Osteuropas der Druck, sogar in Jugoslawien, in Rumänien, von den andern Ländern gar nicht zu reden. Und gerade jetzt sagt der österreichische Bundeskanzler: »Es ist an der Zeit, diese Vereinbarung zu unterzeichnen.« Wie sieht diese Vereinbarung aus? Die vorgeschlagene Vereinbarung bedeutet *die Beerdigung Osteuropas.* Das bedeutet: Westeuropa unterschreibt endgültig, daß es auch weiterhin mit der Unterdrückung Osteuropas voll einverstanden ist, »wenn man uns nur, bitte schön, in Ruhe läßt«. Österreichs Bundeskanzler glaubt, wenn das Massengrab Osteuropa zugeschüttet ist, könnte Österreich am Rande des Grabes weiterbestehen und nicht auch hineinrutschen. Wir aber haben aus unserer ganzen Lebenserfahrung die Schlußfolgerung gezogen, daß es nur eines gibt, womit man gegen die Gewalt bestehen kann: Das ist die Festigkeit!

Man muß die Natur des Kommunismus verstehen. Die Ideologie des Kommunismus, die ganze Leninsche Erziehung ist so, daß jeder als Narr gilt, der nicht das nimmt, was vor ihm liegt. Wenn man etwas nehmen kann — nimm es, wenn man angreifen kann, greife an, wenn Du aber an eine Mauer kommst — gehe zurück.

Die kommunistischen Führer respektieren nur Festigkeit und verachten und verspotten jene, die ihnen gegenüber ständig nachgeben. Man spricht bei Ihnen jetzt so (das ist das letzte Zitat, das ich den Äußerungen Ihrer Staatsmänner entnehme): »Die Macht ohne Bemühung um Frieden führt zum Weltkonflikt.« Ich sage aber: Macht, die stets nachgibt — das ist überhaupt keine Macht! (Applaus) Aus unserer Erfahrung heraus sage ich Ihnen: Nur Festigkeit gibt die Möglichkeit, gegen den Angriff des kommunistischen Totalitarismus zu bestehen. Wir kennen viele historische Beispiele dafür. Hier sind nur einige. Das kleine Finnland widerstand im Jahre 1939 aus eigener Kraft. Sie verteidigten Berlin im Jahr 1948 nur durch Ihre Festigkeit, und es hat keinen Weltkrieg gegeben! Sie verteidigten im Jahre 1950 Korea nur durch die Festigkeit — und es gab keinen Weltkrieg. Sie erzwangen im Jahre 1962 den Abzug der Raketen aus Kuba — und es gab keinen Weltkrieg. Und der verstorbene Adenauer führte die Gespräche mit Chruschtschow in Festigkeit — und leitete mit Chruschtschow eine echte Entspannung ein.

Chruschtschow begann nachzugeben, und wenn man ihn nicht abgesetzt hätte, wäre er in jenem Winter nach Deutschland gekommen und hätte die echte Entspannungspolitik fortgesetzt.

Ich erinnere Sie auch an die Schwäche eines Menschen, dessen Name selten mit Schwäche in Verbindung gebracht wird. Die Schwäche Lenins. Als Lenin zur Macht kam, hatte er in panischer Angst Deutschland alles zugestanden, was es verlangte. Deutschland nahm, was es wollte; es sagte, Armenien ist an die Türkei abzutreten; bitte schön! Es ist kaum bekannt, daß Lenin bei der kaiserlichen Regierung Deutschlands darum bat, die Regierung der Ukraine zu überreden, es den Kommunisten zu gestatten, die Grenze zur Ukraine hin festzulegen. Von einer Eroberung der Ukraine war keine Rede, nur von irgendeiner Möglichkeit, die Grenze festzulegen.

Wir, die Andersdenkenden in der UdSSR, besitzen weder Panzer noch Waffen noch eine Organisation — wir besitzen nichts, unsere Hände sind leer. Wir haben nur unser Herz und das Wissen, schon seit einem halben Jahrhundert in diesem System auszuhalten. Und da wir die Festigkeit zu widerstehen in uns wissen, haben wir uns behauptet. Und wenn ich heute hier bin . . . (Applaus). Wir haben nur durch die Festigkeit unserer Überzeugung bestanden. Und wenn ich heute hier vor Ihnen stehe, so nicht wegen der Gnade und Güte des Kommunismus, nicht dank der Entspannungspolitik, sondern dank meiner Festigkeit und Ihrer starken Unterstützung. (Applaus) Sie wußten, daß ich nicht einen Finger breit, nicht ein Haar nachgeben würde, und daher konnten sie nichts machen, sie gaben nach.

Das war nicht leicht. Bei uns wird man durch die harten Lebensbedingungen dazu erzogen

Auch jeder von Ihnen wäre dazu erzogen worden, wenn Sie ein so schweres Leben gehabt hätten. Ich will hier heute nicht viele Namen nennen, aber Bukowskij, Wladimir Bukowskij, dessen Name schon fast vergessen ist, nenne ich doch. (Applaus) Ich will deshalb nicht viele Namen nennen, weil immer noch Namen übrigbleiben, soviel wie ich auch nennen würde. Denn wenn wir zwei oder drei Namen nennen, wird es uns vorkommen, als ob wir die anderen vergessen und verraten hätten. Man sollte sich an die Zahlen erinnern. Wir haben Zehntausende von politischen Gefangenen und, nach Berechnung der englischen Experten, *siebentausend Menschen in der psychiatrischen Zwangsbehandlung*. Einer von ihnen ist Wladimir Bukowskij: man hatte ihm vorgeschlagen: gut, Du wirst freikommen, verschwinde in den Westen und halte den Mund! Und dieser Junge, ein junger Mann, sagte angesichts des Todes: »Nein, so werde ich nicht gehen. Ich schrieb über die, die Ihr in die Irrenhäuser eingesperrt habt und ich gehe nur dann in den Westen, wenn Ihr sie freilaßt.« Das ist jene Stärke, jene Festigkeit, die gegen Stein und Panzer bestehen kann!

Nach der Bewertung all dessen, worüber ich heute hier gesprochen habe, hätten wir und Sie keine Gespräche auf der Ebene der Geschäftsabschlüsse führen dürfen; die Frage ist daher, warum hat dieses oder jenes Land so gehandelt?

Wie wurden diese Abschlüsse getätigt? Wir hätten einen sittlichen Standpunkt einnehmen und sagen sollen: In den Jahren 1933 und 1941 haben Ihre Führung und der Westen rücksichtslos einen Handel mit dem Totalitarismus abgeschlossen. Das geschah nicht umsonst. Das wird irgendwann ein Echo geben. So aber schallt es seit dreißig Jahren zurück und wird es weiterhin und noch schrecklicher tun. Man darf nicht nur vom niedrigen Standpunkt politischer Überlegungen aus denken. Man muß auch an das denken, was edelmütig, was ehrlich ist, und nicht nur an das, was Vorteile bringt. Einfallsreiche westliche Juristen haben jetzt den Begriff des »juristischen Realismus« eingeführt. Durch diesen juristischen Realismus wollen sie die sittlichen Maßstäbe überdecken. Man müsse die Realität anerkennen, man müsse verstehen, daß, wenn in jenen Ländern der Gewaltherrschaft Gesetze eingeführt wurden, diese Gesetze auch anerkannt und beachtet werden müssen. Unter den Juristen ist jetzt die Meinung sehr verbreitet, daß Recht höher stehe als Moral. Das Recht — das sei Präzision, die Moral aber etwas Unbestimmtes. Nein, es ist genau umgekehrt! Moral steht höher als Recht! (Applaus) Das Recht ist doch nur ein Versuch der Menschen, in den Gesetzen einen Teil dieser Moral zu fixieren, die über uns ist, die höher steht als wir. Wir versuchen diese Moral zu begreifen, sie auf die Erde zu holen und in Form von Gesetzen darzustellen.

Mal gelingt es gut, mal schlecht, manchmal kommt nur eine Karikatur der Moral dabei heraus; aber die Moral steht immer über dem Recht. Und diesen Standpunkt darf man nicht verlassen. Man muß es mit Herz und Verstand begreifen. Heutzutage, im zwanzigsten Jahrhundert, wird man fast zum Gespött, wenn man von »Gut« und »Böse« redet. Diese Begriffe sind fast altmodisch geworden. Es sind aber dennoch sehr reale Begriffe, Begriffe der höheren Sphäre über uns, Gut und Böse . . . (Applaus). Und man sollte, anstatt unwichtige, kleinliche und kurzsichtige Berechnungen und Spielchen zu machen, sich selbst lieber davon überzeugen: Das Böse in der Welt, voll riesigen Hasses und riesiger Kraft, konzentriert sich. Es verteilt sich über die Erde. Man muß sich *dagegen*stellen anstatt eilig alles an das Böse abzutreten, was immer es auch verschlingen möchte. (Applaus)

In der Welt laufen heute zwei wichtige Prozesse ab. Der eine Prozeß ist der, von dem ich sprach; er dauert schon mehr als dreißig Jahre. Das ist der Prozeß der kurzsichtigen Zugeständnisse, der Prozeß des ständigen Aufgebens, in der Hoffnung, daß der Wolf irgendwann einmal satt sein wird. Der zweite Prozeß aber, den ich für den entscheidenden halte, und ich sage voraus, daß er unser aller Zukunft bestimmen wird, das ist der Prozeß, der sich unter der gußeisernen Schale des Kommunismus in der Sowjetunion (nun schon seit zwanzig Jahren) und in den anderen kommunistischen Ländern (dort noch nicht so lange) vollzieht, die Befreiung des menschlichen Geistes.

Es wachsen neue Generationen heran, unerschütterlich im Kampf gegen das Böse; sie gehen keine prinzipienlosen Kompromisse ein, lieber verlieren sie alles: Lohn, Existenz, selbst das Leben — nur um ihr Gewissen nicht zu opfern, nur um sich auf kein Geschäft mit dem Bösen einzulassen. (Applaus) Dieser Prozeß ist schon so weit fortgeschritten, daß in der Sowjetunion von heute der Marxismus zu einem Witz geworden ist, von den Menschen verachtet wird. Niemand nimmt ihn bei uns auch nur im geringsten ernst; selbst Studenten und Schüler nicht, sie lachen und spotten über den Marxismus.

Dieser ganze Prozeß unserer Befreiung jedoch, der natürlich auch gesellschaftliche Veränderungen nach sich ziehen wird, dieser Prozeß ist langsamer als der erste, der Prozeß der Zugeständnisse. Für uns dort drüben ist es schrecklich, diese Zugeständnisse zu beobachten. Warum so schnell, warum so hastig, warum gibt man gleich mehrere Länder im Jahr auf? Ich habe zu Anfang erwähnt, daß Sie die Verbündeten unserer Befreiungsbewegung in den kommunistischen Ländern sind. Und ich rufe Sie auf: Lassen Sie uns zusammen versuchen, das Verhältnis dieser beiden Prozesse zueinander zu regulieren.

Jedesmal, wenn Sie den bei uns Verfolgten helfen, erweisen Sie nicht nur Großzügigkeit und Edelmut; Sie verteidigen nicht nur jene, sondern auch sich selbst, Ihre eigene Zukunft... (Applaus) Lassen Sie uns gemeinsam versuchen, soweit es möglich ist, den unvernünftigen, sinnlosen und amoralischen Prozeß des endlosen Nachgebens gegenüber dem Aggressor Einhalt zu gebieten, diese findigen juristischen Schachzüge aufzuhalten, die jedesmal ein neues Argument ins Spiel bringen, wenn wir fragen: Warum man ein Land, noch ein Land und noch ein Land aufgeben muß. Warum man dem kommunistischen Totalitarismus immer und immer wieder eine komplizierte und hochentwickelte Technik liefern muß, die er für die Rüstung und zur Unterdrückung seiner Bürger benutzt.

Wenn wir diesen Prozeß der Kompromisse so verlangsamen (wenn auch nicht aufhalten) können, daß der Prozeß der Befreiung in den kommunistischen Ländern sich weiter fortsetzen kann, dann werden diese beiden Prozesse letzten Endes unsere Zukunft ergeben. (Applaus)
Für »Innere Angelegenheiten« ist auf unserem engen Planeten kein Platz mehr. Die kommunistischen Führer sagen uns: Mischt Ihr Euch nicht in unsere inneren Angelegenheiten ein, laßt uns in Ruhe weiter Druck ausüben. Ich aber sage Ihnen: Bitte, mischen Sie sich noch mehr in unsere inneren Angelegenheiten ein. Wir bitten Sie darum — mischen Sie sich ein! (Applaus)
Und weil ich meine Aufgabe so verstehe, habe ich mich heute vielleicht in Ihre inneren Angelegenheiten eingemischt oder sie irgendwie berührt, verzeihen Sie! (Applaus) Nun bin ich schon viel in Amerika herumgereist. Meine früheren Vorstellungen über Amerika, wie ich sie aus dem Radio, aus den Erzählungen der vielgereisten Menschen gehört habe, erweiterten sich. Amerika ruft bei mir, bei meinen Freunden, bei unseren Gesinnungsgenossen *dort*, bei allen einfachen Sowjetmenschen, nicht bei den hochgestellten, zugleich ein Gefühl der Bewunderung und des Mitleids hervor.
Bewunderung darüber, daß sogar Sie selbst nicht wissen, welche Zukunft und welche Kraft Sie haben. Sie sind ein Land der Zukunft. Sie sind ein junges Land. Sie sind ein Land der ungenutzten Möglichkeiten. Das Land der großen Weite, im geographischen Sinne. Aber auch der großen Seele, der Freigebigkeit, des Großmutes. Mit diesen Qualitäten aber, mit der Kraft, der Freigebigkeit, dem Großmut in jedem Menschen und im ganzen Land vereinigt sich leider gewöhnlich die Vertrauensseligkeit. Und diese Vertrauensseligkeit hat Ihnen schon einige Male einen schlechten Dienst erwiesen. Auch ich rufe dazu auf, daß Amerika seine Vertrauensseligkeit überprüfen soll. Man sollte jenen Neunmalklugen, die mit juristischen Finessen angeblich noch vollkommenere Gerechtigkeit und Gleichheit erreichen wollen,

keine Möglichkeit geben — wenn sie unter dem Vorwand des Kampfes um Frieden und gesellschaftliche Gerechtigkeit aus Kurzsichtigkeit, Eigennutz oder Verzerrung ihres Weltbildes handeln, — Sie auf den falschen Weg zu führen; denn sie sind darauf aus, Ihr schönes und starkes Land zu schwächen, zu entwaffnen, und das angesichts einer so mächtigen, drohenden Gefahr, wie sie nicht nur die amerikanische Geschichte nicht, sondern auch die Weltgeschichte bisher nicht kannte.

Und ich rufe Ihnen zu: Amerika der Werktätigen, Amerika der einfachen Leute, das heute hier durch seine Gewerkschaftsbewegung vertreten ist, laß Dich nicht schwächen, laß Dich nicht auf einen falschen Weg führen.

Laßt uns versuchen, den Prozeß des Nachgebens zu verlangsamen und den Prozeß der Befreiung zu fördern! (Applaus)

Schlußwort von George Meany

Erlauben Sie mir, in Ihrer aller Namen unserem Gast unseren tiefen Dank für seinen aufrüttelnden Vortrag auszusprechen, für seine Gedanken, die er uns in einer Zeit zurückließ, in der die Welt es bei Gott nötig hätte, intensiver über die menschliche Freiheit nachzudenken und über das Los derer, die ihre Freiheit jeden Tag verlieren.

Einführende Bemerkungen des Schatzmeisters der ALF-CIO, Lane Kirkland, anläßlich eines Essens zu Ehren des Nobelpreisträgers und sowjetischen Dissidenten Alexander Solschenizyn im Americana Hotel, New York City am 9. Juli 1975

Ein Prinzip der Mechanik lehrt uns, daß ein Mensch, der einen genügend langen Hebel besitzt, imstande ist, die gesamte Welt in Bewegung zu versetzen. Alexander Solschenizyn stellt die lebendige Erprobung dieses Prinzips dar.
Sein Hebel ist das Wort, dessen Wirkung durch seinen Willen, seine Begabung, seinen Mut und seine unerschütterliche Rechtschaffenheit noch verstärkt wird.
Er trachtet danach, eine Welt in Bewegung zu setzen, die sich heute weitgehend in Wahnsinn und Feigheit verloren hat. Eine Welt, in der Terror, Mord und Unterdrückung begrüßt und in jenen Glas- und Marmortempeln gepriesen werden, die eine in hohem Maße optimistische Generation nach dem Zweiten Weltkrieg errichtet hat.
Er erhebt sich als ein lebendiger, gewaltiger Vorwurf an alle jene Staatsmänner und Führer, die heute auf der Ebene der hohen nationalen Politik den Verzicht auf grundlegende moralische Werte praktizieren und die weit davon entfernt sind, den guten Willen, das Wohlwollen und die freundliche Gesinnung der tödlichsten Feinde der Menschheit einer Prüfung zu unterziehen. Sein Werk ist weder der Förderung irgendeiner politischen Doktrin, einer Richtung im politischen Dialog noch flüchtigem Nützlichkeitsdenken gewidmet, sondern den elementarsten Werten menschlicher Würde, menschlicher Gerechtigkeit und menschlicher Freiheit.
Die AFL-CIO rechnet es sich nicht ohne Stolz zur Ehre an, in dieser guten Sache an seiner Seite zu stehen.
Ich habe den Vorzug, Ihnen nunmehr Alexander Solschenizyn vorstellen zu dürfen.

Rede Alexander Solschenizyns in New York am 9. Juli 1975 auf Einladung der AFL/CIO.

Ist es eigentlich möglich, die Erfahrung derjenigen, die gelitten haben, an diejenigen weiterzugeben, denen das Leiden noch bevorsteht? Kann ein Teil der Menschheit von den bitteren Erfahrungen des anderen Teils lernen? Ist es möglich, irgend jemanden vor einer Gefahr zu warnen oder nicht? Wie viele Zeugnisse sind in den Westen geschickt worden, wie viele Emigrationswellen gab es in den letzten sechzig Jahren, wie viele Millionen Menschen? Sie alle leben hier, Sie begegnen ihnen, Sie erkennen sie: Wenn nicht an ihrer seelischen Verkümmerung, an ihrem Gram, an ihrer Schwermut, so erkennen Sie sie doch an ihrem Akzent, an ihrem Äußeren. Sie haben, ohne sich untereinander abzusprechen, aus den verschiedenen Ländern die gleiche Erfahrung zu Ihnen herübergebracht. Und sie sprechen über diese Erfahrung; sie warnen vor dem, was geschieht, was schon geschah. Aber die stolzen Wolkenkratzer stehen da, in den Himmel gereckt, und sagen: Uns wird das nicht passieren, zu uns kommt das nicht, bei uns ist das unmöglich.
Es wird. Es ist möglich. Nach dem Sprichwort: »Wenn du es selbst erlebst, wirst du uns glauben.« Aber muß man wirklich so lange warten, bis einem das Messer an der Kehle sitzt?
Kann man denn nicht vorher nüchtern jene weltweite Gefahr abschätzen, die die ganze Welt verschlingen will? Ich war schon verschlungen. Ich war schon im Bauch des Drachen, im roten, heißen Bauch des Drachen. Er konnte mich nicht verdauen und spie mich aus. (Applaus) Und nun bin ich zu Ihnen gekommen als ein Zeuge, der weiß, wie es im Bauch des Drachen ist.
Es ist ein erstaunliches Phänomen, daß der Kommunismus hundertfünfundzwanzig Jahre lang offen, schwarz auf weiß,

über sich selbst geschrieben hat. Früher schrieb er sogar noch aufrichtiger. Und im Kommunistischen Manifest, das zumindest alle dem Namen nach kennen und das zu lesen sich fast niemand die Mühe macht, sind sogar noch schrecklichere Dinge enthalten als die, die tatsächlich verwirklicht wurden.

Es ist verblüffend. Die ganze Welt kann schreiben, jeder kann lesen, und doch ist es so, als ob niemand verstehen wolle. Die Menschheit verhält sich so, als ob sie nicht verstünde, was der Kommunismus ist. Nicht verstehen will, nicht verstehen kann. Ich glaube, es liegt nicht nur an der Maskierung der Kommunisten in den letzten Jahrzehnten, in den letzten Jahren. Es liegt vielmehr daran, daß der Wesenskern des Kommunismus gänzlich jenseits der Grenzen der menschlichen Vorstellung liegt. Tatsächlich kann man überhaupt nicht glauben, daß Menschen so etwas ausdenken und so handeln. Eben deshalb ist wohl der Kommunismus so schwer zu begreifen, weil er jenseits des Vorstellungsvermögens liegt.

In meiner letzten Rede in Washington habe ich viel darüber gesprochen, wie das sowjetische Staatssystem entstand und was für ein System es ist. Aber, vielleicht ist es weitaus wichtiger, etwas über jene Ideologie zu sagen, die dieses System inspiriert und geschaffen hat und es führt. Viel wichtiger ist es, das Wesen dieser Ideologie zu begreifen und, vor allem, ihre Kontinuität, die Tatsache, daß sie sich in hundertfünfundzwanzig Jahren überhaupt nicht verändert hat. Wie sie geboren wurde — so ist sie auch heute noch.

Nun, daß der Marxismus keine Wissenschaft ist, das ist unter den intelligenten Menschen bei uns in der Sowjetunion klar. Es wäre sogar peinlich, wenn man sagte, Marxismus sei eine Wissenschaft. Von den exakten Wissenschaften, den physikomathematischen oder den Naturwissenschaften ganz abgesehen — können selbst die in unserem Jahrhundert modernen soziologischen Wissenschaften festlegen, wenn sie irgendein Ereignis voraussagen, wo es zu erwarten ist, wann, in welchen Formen und wie dieses Ereignis ablaufen kann. Der

Kommunismus hat solche Voraussagen niemals gemacht. Nirgendwo wird gesagt, was wo und wann geschehen wird. Es war immer eine Deklamation; eine Deklamation darüber, daß das Weltproletariat die Weltbourgeoisie stürzen werde und wie dann sofort die glücklichste und strahlendste Gesellschaft entstehen werde. Hier ist dann die Phantasie von Marx, Engels und Lenin zu Ende.
Keiner von ihnen hat dann beschrieben, was das für eine Gesellschaft sein wird. Es heißt einfach nur: Die strahlendste und die glücklichste. Alles — für den Menschen!
Es ist müßig, alle nicht eingetroffenen marxistischen Voraussagen aufzuzählen. Nun, einige davon sind: Die Lage der Arbeiterklasse in dem jetzigen System des Westens werde sich verschlechtern, verschlechtern, verschlechtern, bis sie in unerträglichem Elend endet. Bei uns im Lande aber sei die Arbeiterklasse gut ernährt, gut gekleidet, gut mit allem versorgt, sie habe viel Muße! Oder die berühmte Voraussage, daß alle kommunistischen Umstürze in den fortschrittlichen Ländern beginnen würden: in England, in Frankreich, in Amerika, in Deutschland — hier begänne der Kommunismus. Nun, wie Sie sehen, ist alles umgekehrt, alles umgekehrt. Oder die Voraussage, daß es keine sozialistischen Staaten geben würde. Sobald das Kapital niedergeworfen sei, begänne auch sogleich der Staat abzusterben. Sie sehen es ja heute: Wo gibt es noch so starke Staaten wie in den sogenannten sozialistischen, kommunistischen Ländern? Oder die Voraussage, daß Kriege nur unter dem Kapitalismus möglich seien. Angeblich gäbe es die Kriege nur, weil es den Kapitalismus gäbe. Aber sobald der Kommunismus erreicht sei, würden auch alle Kriege aufhören. Wir haben das schon zur Genüge gesehen: In Budapest, in Prag, an der sowjetisch-chinesischen Grenze, bei der Okkupation des Baltikums und als man Polen in den Rücken gefallen ist. Wir haben zur Genüge davon gesehen und werden wohl noch genug davon zu sehen bekommen.
Der Kommunismus verhält sich bei dem Versuch, den Men-

schen von der Gesellschaft her zu erklären, genauso grob wie ein Chirurg, der für eine schwierige Operation ein Schlachtbeil benutzt. All das, was es an Subtilem in der menschlichen Psychologie und in der Struktur eines noch komplizierteren Organismus — der Gesellschaft — gibt, all das wird auf einen simplen ökonomischen Prozeß zurückgeführt. Das ganze erschaffene Wesen — der Mensch — wird zur Materie gemacht. Es ist charakteristisch, daß der Kommunismus so arm an Argumenten ist, seinen Opponenten in unseren kommunistischen Ländern so absolut nichts entgegenzusetzen hat. Argumente hat er keine, deshalb der Stock, das Gefängnis, das Konzentrationslager, die psychiatrische Zwangsanstalt. Der Marxismus war immer gegen die Freiheit. Ich zitiere nun einige Worte der Väter des Kommunismus — Marx und Engels. Ich gebe die Zitate nach der ersten sowjetischen Ausgabe von 1929/30. »Reformen sind ein Zeichen der Schwäche« (Bd. 23, S. 339). »Demokratie ist schrecklicher als Monarchie und Aristokratie« (Bd. 2, S. 369). »Politische Freiheit ist eine falsche Freiheit, schlimmer als die schlimmste Sklaverei« (Bd. 2, S. 394). In ihrem Briefwechsel sprechen Marx und Engels mehrmals davon, daß nach der Machtergreifung der Terror unerläßlich sein werde. Mehrmals schreiben sie: »Man wird 1793 wiederholen müssen. Nach der Machtergreifung wird man auch uns als Ungeheuer ansehen, aber das kümmert uns nicht im geringsten« (Bd. 25, S. 187). Der Kommunismus hat nie verheimlicht, daß er alle absoluten Moralbegriffe ablehnt, die Begriffe von »Gut« und »Böse« als Wertkategorien verhöhnt. Die Moral ist für den Kommunismus die relative Moral der jeweiligen Klasse. Entsprechend den Umständen und der politischen Situation könnte jede Handlung, auch Mord, sogar Ermordung von Hunderttausenden, böse oder auch gut sein. Je nach der Klassenideologie. Wer bestimmt aber die Klassenideologie? Die ganze Klasse kann sich doch nicht versammeln, um zu sagen, was gut und was schlecht ist. Eine Handvoll Leute bestimmt, was gut und was schlecht ist. Ich muß jedoch sagen, daß in dieser Hinsicht der Kommunismus am erfolgreichsten war. Denn er hat es geschafft, die ganze Welt mit dieser Vorstellung über die Relativität von Gut und Böse anzustecken. Jetzt sind nicht nur die Kommunisten davon überzeugt. Es gilt heute in der fortschrittlichen Gesellschaft als unschicklich, die Worte »Gut« und »Böse« ernsthaft zu benutzen. Der Kommunismus konnte uns allen suggerieren, daß diese Begriffe altmodisch und lächerlich seien. Aber wenn man uns die Begriffe von »Gut« und »Böse« nimmt, was bleibt uns dann noch? Es wird ein Dahinvegetieren sein. Wir werden auf das Niveau von Tieren hinabsinken.

Deshalb sind Theorie und Praxis des Kommunismus gänzlich unmenschlich. Es gibt ein heute sehr oft benutztes Wort: »Anti-Kommunismus«. Das ist ein dummes, schlecht zusammengesetztes Wort. Dieses Wort ist so zusammengesetzt, als sei der Kommunismus etwas Ursprüngliches, Grundlegendes, Fundamentales. Deshalb erscheint er als Ausgangspunkt. Und der Anti-Kommunismus wird in eine direkte Beziehung zum Kommunismus gesetzt.

Warum sage ich, dieses Wort sei schlecht gewählt, von Menschen gebildet, die von Etymologie der Sprache nichts verstehen? Weil es einen primären, ewigen Begriff gibt — die Menschlichkeit. Der Kommunismus aber ist die Unmenschlichkeit. Wer »Anti-Kommunismus« sagt, der sagt: »Anti-Unmenschlichkeit«. Ein schlechter Begriff: Man muß besser so sagen: Was gegen den Kommunismus ist — das ist für die Menschlichkeit. (Applaus) Die einfache Menschlichkeit ist, die menschenfeindliche kommunistische Ideologie abzulehnen, nicht anzuerkennen! Das ist nicht Parteilichkeit, das ist — ein Protest unserer Seele gegen alle, die sagen: Vergeßt die Begriffe von »Gut« und »Böse«.

Es ist erstaunlich, wieviel anschauliche Beispiele der Kommunismus, ganz abgesehen von seinen Büchern, der gegenwärtigen Menschheit geliefert hat. Es dröhnten die Panzer in Budapest. Nichts. Es rollten Panzer in die Tschechoslowakei. Nichts. Jedem anderen hätte man nicht verziehen, dem

Kommunismus wird verziehen. Nach irgendeinem scheinbar durchdachten Plan, als ob Gott sie strafen wollte, indem er ihnen den Verstand nahm, errichtete der Kommunismus die Mauer in Berlin. Welch ein monströses Symbol, um zu zeigen, was Kommunismus ist. Seit vierzehn Jahren erschießt man dort nicht nur diejenigen, die die glückliche Gesellschaft des Kommunismus verlassen wollen. Kürzlich fiel ein kleiner Ausländerjunge auf der westlichen Seite in die Spree. Man wollte ihn retten. Ostdeutsche Grenzer jedoch eröffneten das Feuer. Rettet ihn nicht! Und so ist der Junge ertrunken.
Hat die Mauer in Berlin irgend jemanden überzeugt? Wiederum: Nein, sie wird nicht beachtet. Ja, sie steht, aber sie sagt uns nichts. Bei uns hier wird es eine solche Mauer nicht geben. Auch die Panzer von Budapest und Prag kommen nicht zu uns. An allen Grenzen der kommunistischen Welt, auf jeden Fall an den europäischen Grenzen, sind elektronische Tötungsanlagen installiert. Schon sind es nicht mehr Menschen, es sind Geräte, die die Menschen töten. Aber für uns ist das keine Bedrohung, wir haben keine Angst davor. In den kommunistischen Ländern hat man die psychiatrische Zwangsheilung erfunden. Nichts. Wir leben ruhig weiter. Dort kommt dreimal täglich ... gerade in diesem Augenblick, die Tagesvisite und spritzt Drogen, die das Gehirn zerstören. Nichts. Wir leben ruhig.
Bei Ihnen gab es eine gewisse Angela Davis. Ich weiß nicht, ob sie in Ihrem Lande bekannt ist. In unserem Lande aber haben wir buchstäblich ein ganzes Jahr hindurch von nichts anderem gehört als von Angela Davis. In der ganzen Welt existiert nur Angela Davis, und sie leidet. Man hatte uns die Ohren mit dieser Angela Davis vollgestopft. Kleinen Kindern in den Schulen wurde befohlen, Bittschriften zur Verteidigung von Angela Davis zu unterschreiben. Jungen und Mädchen im Alter von acht, neun und zehn Jahren. Nun wurde Angela Davis freigelassen.
Obwohl sie keine schwere Haftzeit hatte, kam sie zur Erholung in sowjetische Kurorte. Und einige Dissidenten,

weniger die sowjetischen, sondern eine Gruppe von tschechoslowakischen Dissidenten, wandte sich an sie:
Genossin Angela Davis, Sie saßen im Gefängnis, Sie wissen, wie schlimm es ist, einzusitzen, wenn man sich für unschuldig hält. Sie sind eine Autoritätsperson, helfen Sie unseren tschechoslowakischen Häftlingen, treten Sie für jene ein, die in der Tschechoslowakei verfolgt werden. Angela Davis gab zur Antwort: Recht geschieht es ihnen! Sollen sie weiter sitzen! Das ist das Antlitz eines Kommunisten, das ist das Herz eines Kommunisten. (Applaus)
Ich möchte jetzt insbesondere daran erinnern, daß der Kommunismus sich wie ein einziger Stamm entwickelt hat; aber er wird sich ändern, wie man es heute üblicherweise glaubt. Wenn Lenin den Marxismus weiterentwickelt hat, und er hat ihn weiterentwickelt, so zunächst in Richtung einer ideologischen Kompromißlosigkeit. Wenn Sie Lenin lesen, werden Sie überrascht sein, wieviel Bosheit und Haß es bei der kleinsten Meinungsverschiedenheit und Haarspalterei gibt. Lenin entwickelte den Marxismus weiter zum Menschenhaß. Vor der Oktoberrevolution hat Lenin das Buch »Die Lehren der Pariser Kommune« geschrieben. Er analysierte, warum die Kommune in Paris 1871 unterlag. Und hier seine Hauptschlußfolgerung: Die Kommune hat zu wenige erschossen. Die Kommune hat zu wenige vernichtet. Man hätte ganze Bevölkerungsschichten vernichten sollen. Als Lenin zur Macht kam, tat er es.
Danach wurde das Wort »Stalinismus« ausgedacht. Auch das ist ein geflügeltes Wort geworden. Und jetzt sagt man im Westen sogar oft: Wenn die Sowjetunion nur nicht wieder zum Stalinismus zurückkehrt. Aber es gab überhaupt keinen Stalinismus!
Das ist eine Erfindung der Gruppe um Chruschtschow, um grundsätzlich alle Erscheinungsformen und Untaten des Kommunismus auf Stalin abzuwälzen. Dies ist auch sehr eindrucksvoll gelungen. Nebenbei gesagt aber, das Wichtigste hat schon Lenin vor Stalin getan. Er hat die Bauern um das

Land betrogen, er hat die Arbeiter um die Selbstverwaltung betrogen, er verwandelte die Gewerkschaften in Unterdrückungs-Organe, er schuf die Tscheka, er schuf die Konzentrationslager, er entsandte die Truppen, um die Nationen am Rand zu unterwerfen und das Russische Reich wieder zu sammeln.

Alles in allem tat der mißtrauische Stalin nur noch das: Dort, wo es ausgereicht hätte, um Angst zu verbreiten, zwei Leute einzusperren, sperrte er hundert ein. Seine Nachfolger aber kehrten zu der vorherigen Taktik zurück. Dort, wo es ausgereicht hätte, zwei Leute einzusperren, sperren sie auch zwei ein, und nicht hundert. Stalins ganze Schuld war seine Einstellung zu seiner eigenen Partei. Er traute ja seiner eigenen kommunistischen Partei nicht. Und allein hierfür dachte man sich den Begriff »Stalinismus« aus. Auch Stalin hat die Parteilinie nie verlassen. Und wenn man bei uns die Entwicklung so zeichnet: Marx-Engels-Lenin-Stalin, so kann man da auch weiter fortfahren: Mao Tse-tung, Kim Il Sung, Ho-Tschi-Minh — das alles gehört zusammen, ist eine Einheitslinie.

Heute ist im Westen auch eine solche Theorie im Umlauf: Bei dem Kommunismus in China handelt es sich um einen reinen Kommunismus, puritanischen Kommunismus, einen nicht entarteten Kommunismus.

In China aber ist nur jene Form des kasernierten Kommunismus erhalten geblieben, die Lenin in Rußland einführte, die sich aber nur bis 1921 gehalten hatte.

Lenin hat sie nicht aus militärischen Erfordernissen heraus ins Leben gerufen. Er rief sie ins Leben, weil er dachte, daß die Gesellschaft der Zukunft so aussehen sollte. Als man aber unter wirtschaftlichem Druck zur Defensive übergehen mußte, wurde die sogenannte NEP eingeführt. Und man ging in die Defensive. Bei den Chinesen aber blieb es bei dieser Phase. Für China sind all jene Merkmale der Zwangsarbeit der Massen so typisch wie im Sowjetrußland vor der NEP: Die Zwangsarbeit wird auch nicht annähernd nach ihrem Wert bezahlt. Man arbeitet auch an den Feiertagen, in den Zwangskommunen, unter ständigem Einhämmern und Einbleuen von Losungen und Dogmen, die das menschliche Wesen vernichten. Der Mensch verliert seine Individualität. Das schrecklichste am kommunistischen Weltsystem ist seine Einheit, seine Geschlossenheit. Vor kurzem sagte Enrico Berlinguer: Die Sonne über der Komintern ist untergegangen. O nein! Sie ist keineswegs untergegangen. Ihre Energie veränderte sich in Elektrizität, die nun durch unterirdische Kabel fließt. Die Sonne der Komintern fließt als elektrischer Strom unter Hochspannung überall unter der Erde.

Unlängst gab es einen typischen Zwischenfall: Westliche Kommunisten waren empört über die Lüge, man habe ihnen irgendeine Moskauer Instruktion untergeschoben, als ob Portugal sich nach Moskauer Instruktionen richte. Natürlich verneinte man das auch in Moskau. Aber dann entdeckte man, daß all das offen in der Zeitschrift »Probleme des Friedens und des Sozialismus« abgedruckt war. Es war die Instruktion Ponomarjows.[1]

Die äußeren Unterschiede der kommunistischen Parteien der Welt sind nur Scheinunterschiede. Alle sind sich in einem einig: Die westliche Gesellschaftsordnung muß vernichtet werden! Warum sich wundern, daß die Welt es so schlecht versteht, wenn selbst die Sozialisten, die ja den Kommunisten am nächsten stehen, es nicht einmal verstehen, das Wesen des Kommunismus ganz zu erfassen. Unlängst sagte der Führer der schwedischen Sozialisten Olof Palme folgendes: »Die einzige Art und Weise, auf die der Kommunismus überleben kann, ist ein Übergang zu den demokratischen Positionen.« Die einzige Art und Weise, auf die ein Wolf überleben kann, ist es, aufzuhören, Fleisch zu fressen und sich in ein Lamm zu verwandeln. (Gelächter). Und dabei lebt Palme ganz in der Nähe, Schweden ist Nachbar der

[1] Boris Nikolajewitsch Ponomarjow, ZK-Sekretär und Politbürokandidat der KPdSU. (Anm. des Übersetzers.)

Sowjetunion. Ich denke, daß er und Mitterand und die italienischen Sozialisten eines Tages in der Lage von Soares sein werden. Dabei ist die Lage von Soares heute noch nicht die schlechteste. Das Schrecklichste für Soares kommt noch. In der Tat, das, was sie alle erwartet, hätten nur die russischen Sozialisten — die Menschewiki und die Sozialrevolutionäre — erzählen können. Sie aber können nie mehr erzählen. Sie sind alle unter der Erde, sie sind alle umgebracht worden. Lesen Sie das im *Archipel GULag* nach. Natürlich, unter den gegenwärtigen Umständen sind die Kommunisten gezwungen, verschiedene Masken zu tragen. Mal hören wir von der »Volksfront«, mal vom sogenannten »Dialog mit dem Christentum«. Als ob *Kommunisten* einen Dialog mit dem Christentum führen!

Bei uns in der Sowjetunion war das ein einfacher Dialog — mit Maschinengewehren, mit Revolvern. Heute empfangen die Kommunisten in Portugal die unbewaffneten Katholiken mit Steinen und steinigen sie. Heute. Das ist der Dialog. Und wenn die französischen und die italienischen Kommunisten sagen, daß sie einen Dialog führen wollen, so brauchen Sie ihnen nur die Macht zu überlassen, dann werden wir ja sehen, was das für ein Dialog ist. Ich machte in diesem letzten April eine Reise durch Italien. Ich war überrascht: Hammer und Sichel an den Gotteshäusern. Beleidigende Inschriften an den Türen der Priester. Provozierende kommunistische Inschriften leuchten bunt von den Häuserwänden in den italienischen Städten. Jetzt, wo sie noch nicht an der Macht sind. Als ihre Führer, wie Palmiro Togliatti, in Moskau waren, waren sie mit allen von Stalin befohlenen Hinrichtungen einverstanden. Lassen Sie sie zur Macht in Italien kommen, dann werden wir ja diesen Dialog sehen!

Alle kommunistischen Parteien werden absolut gnadenlos, wenn sie erst die Macht bekommen. In den Perioden aber, in denen sie die Macht noch nicht haben, müssen sie sich tarnen.

Für uns Russen, mit der russischen Erfahrung, ist es tragisch,

mitanzusehen, was in Portugal geschieht. Man sagte uns immer: Das ist bei euch, bei den Russen, ihr wart nicht imstande, eure Demokratie zu bewahren; acht Monate hat es gedauert und dann war eure Demokratie abgewürgt. Hier aber handelt es sich um Westeuropa. Portugal liegt im äußersten Westen Europas. Westlicher geht es nicht. Und was sehen wir dort? Wir sehen ein Zerrbild, eine leicht veränderte Version der russischen Geschehnisse. Für uns ist das alles eine Wiederholung. Wir erkennen es, wir können es uns vorstellen. Statt Soares sehen wir unsere Sozialisten. Auch bei uns sagte man, daß die Bolschewiki unter der Parole: »Alle Macht der konstituierenden Versammlung« zur Macht gelangt waren. In den Wahlen aber bekamen sie 25 %. Und trieben die Konstituierende Versammlung auseinander. In Portugal haben die Kommunisten 12 % bekommen. Nun machten sie das Parlament handlungsunfähig. Welch eine Ironie! Die Sozialisten sind die Sieger der Wahlen. Soares ist der Führer der Sieger. Und ihm nahm man seine eigene Zeitung weg. Denken Sie doch, dem Führer der Siegerpartei wurde seine eigene Zeitung weggenommen!
Die gewählte Versammlung wird tagen; das hat jedoch keinerlei Bedeutung. Und über all das schreibt die westliche Presse ernsthaft: Die ersten freien Wahlen in Portugal. Oh, mein Gott, bewahre mich vor solchen freien Wahlen. (Applaus) Gewiß, wechseln unter den verschiedenen Umständen Fälle von Heimtücke und List. Wir erkennen aber den Charakter, wir erkennen den kommunistischen Charakter an einer solchen Episode, als die Militärführer, angeblich keine Kommunisten, sich entschieden, den Fall der Zeitung *República* wie folgt zu lösen: »Gut, kommen Sie morgen um 12 Uhr mittags, wir öffnen Ihnen die Türen und dann regeln Sie die Dinge.« Geöffnet haben sie aber die Türen um 10 Uhr — aus irgendeinem Grund wußten das nur die Kommunisten, nicht aber die Sozialisten. Die Kommunisten kamen, verbrannten alles, was sie vernichten sollten, und dann kamen die Sozialisten. Ach, das war natürlich ein

Irrtum. Ein Zufall, rein zufällig haben wir die Uhren nicht verglichen...

Die ganze Geschichte unserer Revolution besteht aus solchen Tricks, Tausende an der Zahl. Und es wird noch mehr solche Zufälle in der portugiesischen Revolution geben. Oder folgendes Beispiel: Die gegenwärtigen Militärführer Portugals haben Portugal schon ruiniert, es gibt schon nichts mehr zu essen, Hilfe ist daher nötig. Sie sagen nun, um die Hilfe des Westens nicht zu verlieren: Ja, das Mehrparteiensystem bei uns bleibt. Und der unglückselige Soares, Führer der siegreichen Partei, muß nun zu erkennen geben, daß er sich über diese Erklärung zum Mehrparteiensystem freue. Aber am gleichen Tage wird aus dem gleichen Mund erklärt, daß der Aufbau der klassenlosen Gesellschaft sofort beginne. Und wenn jemand vom Marxismus irgendwann auch nur ein winziges Zipfelchen erblickt hatte, weiß er, daß es in der klassenlosen Gesellschaft *keine Parteien* geben wird. Da heißt es also an ein und demselben Tag: ein Mehrparteiensystem — Abwürgen aller Parteien. Man hört aber nur das erste, und nicht das zweite. Und alle wiederholen: Es wird ein Mehrparteiensystem geben. Das sind die Tricks der Kommunisten.

Portugal hat heute praktisch die NATO verlassen. Ich prophezeie nicht gern Unheil: Diese Ereignisse jedoch kann man nicht aufhalten. Portugal kann man in Kürze zu den Mitgliedern des Warschauer Pakts zählen. Diese Ereignisse sind nicht aufzuhalten. Es ist nicht möglich, ohne Schmerz dieser tragischen und ironischen Wiederholung der kommunistischen Kunstgriffe zuzuschauen. Sechzig Jahre später wird innerhalb weniger Monate in der äußersten Ecke Europas eine Demokratie, die sich gerade auf die Beine stellen wollte, erwürgt.

Das Problem des Krieges ist in der marxistischen kommunistischen Literatur ebenfalls ausführlich behandelt worden. So sieht der Kommunismus den Krieg, ich zitiere Lenin: »Wir können den Begriff ›Frieden‹ nicht vertreten, wir halten ihn für verworren, für ein Hindernis im revolutionären Kampf« (Brief an die Kollontai[1] im Juli 1915). »Den Krieg grundsätzlich abzulehnen, ist unmarxistisch. Wem ist objektiv mit dem Frieden gedient? Jedenfalls, nicht dem revolutionären Proletariat« (Brief an Schljapnikow[2] im November 1914). »Es ist nutzlos, ein gütiges Programm mit frommen Wünschen für den Frieden zu verkünden, wenn man nicht zu gleicher Zeit und vorrangig die Propaganda für eine illegale Organisation und für den Bürgerkrieg verstärkt.« So sieht der Kommunismus den Krieg an. Der Krieg ist notwendig. Der Krieg ist ein Mittel, um das Ziel zu erreichen.

Zum Unglück für den Kommunismus aber wurde diese Politik im Jahre 1945 durch Ihre Atombombe aufgehalten. Durch die amerikanische Atombombe. Und nun änderten die Kommunisten ihre Taktik. Nun wurden sie plötzlich zu Friedensanhängern um jeden Preis. Sie begannen Weltfriedenskongresse einzuberufen. Friedenspetitionen wurden geschrieben. Und die westliche Welt fiel darauf herein. Denn Ziel und Ideologie sind dieselben geblieben: Ihr System ist zu vernichten! Den westlichen Lebensstil zu zerstören.

Dies konnte man sich aber bei Ihrem atomaren Übergewicht nicht erlauben. Und so wurde ein Konzept durch ein anderes ersetzt. Sie sagten: »Was nicht Krieg ist, das ist Frieden.« Das heißt, dem Frieden wurde der Krieg gegenübergestellt. Dies aber ist ein Fehler. Denn die Antithese steht nur zum Teil im Gegensatz zur These. Wenn man einen offenen Krieg nicht führen kann, so kann man doch hinter den Kulissen weiter unterdrücken. Durch Terror, Partisanenkampf, Ge-

[1] Alexandra Michailowna Kollontai (1872—1952), Altbolschewikin, Lenins Schachpartnerin in der Schweiz, 1917—18 ZK-Mitglied und Mitglied der Lenin-Regierung. (Anm. des Übersetzers.)

[2] Alexandr Gawrilowitsch Schljapnikow, Altbolschewik (1885—1943), mit der A. M. Kollontai zusammen Führer der „Arbeiteropposition" in Lenins Partei nach der Revolution, ZK-Mitglied 1921—22, in den Säuberungen Stalins umgekommen (schon 1933 aus der Partei ausgeschlossen). Mitglied der Lenin-Regierung 1917—18. (Anm. des Übersetzers.)

walt, Gefängnisse, Konzentrationslager. Sagen Sie, ist das der Friede?

Die Gewalt ist das volle Gegenteil des Friedens. Und wer in der Welt den Frieden will, sollte nicht nur den Krieg aus der Welt schaffen, sondern auch die Gewalt. Wenn es keinen offenen Krieg, aber noch die Gewalt gibt, so ist das kein Friede.

Noch gibt es in der Sowjetunion, in China, in anderen kommunistischen Ländern grenzenlose Gewalt; jetzt scheint wohl auch Indien sich dieser Front anzuschließen. Frau Gandhi reiste nicht umsonst nach Moskau, sie übernimmt die Methoden ganz gut. Man kann damit rechnen, daß sie noch weitere vierhundert Millionen Menschen dieser Front zuführen wird, vierhundert Millionen Menschen. Solange es keine Beschränkung der Gewalt gibt, solange nichts in diesem riesigen Land der Gewalt Einhalt bieten kann, in der mehr als die Hälfte der Menschheit lebt — wie können Sie da glauben, in Sicherheit zu leben?

Amerika und Europa sind noch keine Insel in diesem Ozean.

Nein, das kann ich noch nicht behaupten. Aber Amerika und Europa sind schon in der Minderheit. Und dieser Prozeß schreitet weiter fort.

Der Westen und die ganze Welt haben keinerlei Garantien, solange in den kommunistischen Ländern die Gesellschaft nicht die Regierungen kontrolliert und sich eine Meinung über das bildet, was sie tut. Heute hat sie nicht die geringste Ahnung von dem, was sich die Regierungen ausdenken.

Das Sprichwort sagt: Du besinnst Dich erst, wenn Du den Berg hinunterrollst.

Es ist verständlich, daß Sie die Freiheit lieben. Aber in unserer eng gewordenen Welt muß man seinen Preis für die Freiheit zahlen. Man kann nicht nur die eigene Freiheit lieben und in Ruhe zusehen, wie die Hälfte der Menschheit, der größere Teil der Erde, Gewalt und Unterdrückung ausgesetzt ist.

Die kommunistische Ideologie beabsichtigt, Ihre Gesellschaft zu vernichten. Das ist seit hundertfünfundzwanzig Jahren ihr Ziel. Es hat sich niemals verändert. Auch während der Entspannung, der friedlichen Koexistenz und des Handels bestehen sie darauf: Der ideologische Kampf geht weiter! Was ist das aber: Ideologischer Kampf? Es ist Haß, eine ständige Wiederholung des Schwurs: Die westliche Welt muß vernichtet werden. Irgendwann einmal beendete ein berühmter Redner im römischen Senat jede seiner Reden mit dem Satz: »Und im übrigen bin ich der Meinung, Karthago muß vernichtet werden.« So wiederholen auch jetzt, geheimen Anweisungen folgend, Tausende von Rednern bei jeder Gelegenheit, trotz Handel oder Entspannung: Aber der Kapitalismus muß vernichtet werden!

Es ist ja menschlich und verständlich, ich sage es immer wieder: Wenn man im Wohlstand lebt, ist es schwer einzusehen, daß gerade jetzt, im Wohlstand, irgendwelche Vorsichtsmaßnahmen getroffen werden müssen. Daß man auch im Wohlstand auf der Hut sein muß.

Wenn man die von der Sowjetunion gebrochenen Verträge aufzählen wollte, wäre das ein Vortrag für sich. Ich verstehe: Wenn Ihre Staatsmänner irgendeinen Vertrag mit der Sowjetunion oder mit China unterschreiben, dann möchten Sie daran glauben, daß dieser Vertrag eingehalten wird. Aber auch die Polen wollten gern glauben, daß es so sein würde, als sie 1921 in Riga einen Vertrag mit den Kommunisten unterschrieben. Aber man fiel ihnen in den Rücken. Aber auch Estland, Lettland und Litauen wollten glauben, daß es so sein würde, als sie die Freundschaftsverträge mit der Sowjetunion unterschrieben. Aber auch sie wurden alle verschluckt.

Und die Leute, die heute Verträge mit Ihnen unterzeichnen, — dieselben, nicht irgendwelche andere —, sind es, die Einweisungen in Irrenanstalten und Gefängnisse veranlassen. Und warum sollten es auch andere sein? Wohl aus Liebe zu Ihnen? Wie erklärt man das? Warum sollten sie sich Ihnen gegenüber ehrenhaft und großzügig verhalten, während sie

gleizeitig ihre Mitbürger unterdrücken? Bis jetzt konnten die Verteidiger der Entspannung das noch nicht erklären.
Sie möchten so gern daran glauben und verkleinern daher Ihre Armee. Sie schränken die Forschungsarbeit ein. Es gab hier einmal ein Institut zur Erforschung der Sowjetunion, wenigstens eins. Sie wissen nichts über die Sowjetunion. Dort ist Finsternis. Die Scheinwerfer hier reichen nicht dorthin. Und obwohl Sie nichts wissen, haben Sie das letzte, einzige Institut, weil es an Geld fehlte, aufgelöst, das wenigstens etwas hätte erforschen können. Aber die Sowjetunion studiert Sie. Bei Ihnen ist alles weit geöffnet, durch die Presse, durch das Parlament. Und sie erforscht Sie immer stärker und vergrößert bei Ihnen die Zahl ihrer Vertreter. Und sie verfolgen genau, was in Ihren Institutionen vorgeht, sie besuchen pünktlich die Sitzungen; wenn sie können, dann sogar Ihre Kongreßausschüsse — sie versuchen, alles zu erforschen.
Gewiß, alle Friedensvereinbarungen sind für die Unterzeichner sehr attraktiv. Sie festigen ihr Prestige bei den Wählern. Aber die Zeit wird kommen, da die Geschichte die Namen dieser Staatsmänner wegwischt. Niemand wird sich an sie erinnern. Die Völker des Westens aber werden für diese vertrauensseligen Vertragsabschlüsse bezahlen müssen. (Applaus)
Wenn es nur darum ginge, zu beweisen, daß die Entspannung heute und jetzt notwendig ist. Nein, es gibt Theoretiker, die sehr weit in die Zukunft blicken. Der Direktor des russischen Instituts an der Columbia-Universität, Shulman zum Beispiel. Auf einer Sitzung des Senatsausschusses für Auswärtiges entwarf er ein glänzendes Bild der Zukunft; er sagte: »Der Entspannung liegt ein langfristiger Plan zugrunde. Nach dem langfristigen Plan wird die gegenseitige Zusammenarbeit zwischen den Vereinigten Staaten von Amerika und der Sowjetunion zum Aufbau einer Weltordnung führen.« Aber welche neue Ordnung in der Zusammenarbeit mit dem nimmersatten Totalitarismus

glaubt denn dieser Professor aufbauen zu können? (Applaus)
Ihre Ordnung wird es sicher nicht sein.
Das Hauptargument der Entspannungsanhänger aber ist bekannt: Dies alles ist notwendig, um einen Atomkrieg zu verhindern. Ich denke, daß nach alldem, was in den vergangenen Jahren geschah, ich Sie beruhigen kann: Ein Atomkrieg, ein Atomkrieg wird nicht stattfinden. Wozu auch? Wozu ein Atomkrieg, wenn man schon seit dreißig Jahren von der westlichen Welt soviel man will abbricht. Ein Land nach dem anderen; ein Land nach dem anderen. Dieser Prozeß schreitet fort. Wenn man nur das Jahr 1975 nimmt, nun, vier Länder wurden schon abgebrochen. So schreitet dieser Prozeß weiter fort. Und er verläuft außerordentlich schnell. Dieses Tempo muß man berücksichtigen. Nun, nehmen wir einmal an, es kommt der Augenblick, in dem die westliche Welt es schließlich doch noch begreift und sagt: Nein, keinen Schritt weiter! Was geschieht in diesem Fall?
Ich will Ihre Aufmerksamkeit auf folgendes lenken. Sie haben Theoretiker, die sagen: Stellt die atomare Rüstung der USA ein. Wir haben schon genug; Amerika hat heute genügend Atomwaffen, um die gegnerische Hälfte der Welt zu vernichten. Wozu brauchen wir noch mehr?
Sollen die Atomexperten so urteilen, wenn sie wollen. Aber aus irgendeinem Grund denken die Atomexperten und die Führer der Sowjetunion anders. Ich spreche nicht von der Überlegenheit bei Panzern, bei Flugzeugen um das Vier-, Fünf- oder Siebenfache. Aber Ihr Gegenspieler betrügt Sie ständig hinter Ihrem Rücken, bei den SALT-Gesprächen und bei der Abrüstung. Mal benutzt er bei der Kontrolle ein Radargerät, das man vereinbarungsgemäß nicht benutzen darf. Mal bricht er den Vertrag über die Begrenzung der Größe von Raketen. Mal verletzt er die Vereinbarungen über die Zerstörungskraft der Raketen. Mal verletzt er die Vereinbarung über die Sprengköpfe. Ein Sprichwort sagt: Wenn Du nicht genau hinsieht, so wirst Du mit blauen Flecken

dafür bezahlen. (Applaus) Es gab einmal eine Zeit, da war die Stärke der Sowjetunion mit Ihrer Atomrüstung nicht zu vergleichen. Aber nach und nach zog man gleich. Nun wird sie langsam stärker, wie schon alle erkennen können. Nun, vielleicht beträgt das Verhältnis jetzt mehr als 1 : 1. Dann aber wird es 2 : 1 werden. Dann 3 : 1. Schließlich aber 5 : 1.

Auf diesem Gebiet bin ich kein Experte und Sie auch nicht. Aber das ist wahrscheinlich nicht nötig. Ich glaube, wenn die Rüstung bisher ausgereicht hätte, dann hätte man sie nicht voranzutreiben brauchen. Ich denke, daß es dafür irgendeinen Grund geben muß. Daß bei einer solchen Überlegenheit in der Atombewaffnung es möglich ist, den Einsatz Ihrer Waffen zu stoppen. Und eines unglücklichen Morgens wird offen erklärt: »Achtung, wir lassen unsere Truppen in Europa einmarschieren. Wenn Ihr Euch nur rührt, werdet Ihr vernichtet.« Und dann zeigt sich, daß die Relation 3 : 1 oder 5 : 1 sich auswirkt. Und Ihr werdet Euch nicht rühren. Und bei Euch werden sich gleich wieder Theoretiker finden, die sagen werden: Oh, wenn nur wieder Ruhe wäre!

Das alles erinnert mich, wenn ich einen Vergleich aus dem Schach benutzen darf, an folgende Situation:

Einer der Spieler hat eine außerordentlich hohe Selbsteinschätzung und glaubt, sein Gegner sei schwach. Er ist davon überzeugt zu gewinnen, weil er so schlau, so berechnend, so fintenreich ist. Er würde auch bestimmt gewinnen. Er sitzt da, berechnet seine Züge im voraus. Dann zieht er in vier Zügen zwei Springer. Er wartet die nächsten Züge kaum ab, er rutscht vor Freude auf seinem Stuhl hin und her, er nimmt die Brille ab, putzt sie, setzt sie wieder auf. Er kann sich gar nicht vorstellen, daß der Gegner schlauer ist als er. Er sieht gar nicht, wie seine Bauern vom Brett fliegen, er sieht nicht, daß sein Turm verlorengeht. Immer noch glaubt er: Aha, so und so, so und so werden wir Moskau, Peking, Pjöngjang, Hanoi erledigen. Das ist lächerlich! Wer erledigt denn wen?

Jetzt ist es aber so: In West-Berlin haben Sie verloren. In Portugal hat man Sie besonders trickreich ausgespielt. Im Nahen Osten werden Sie überspielt. Man soll keine so niedrige Meinung vom Gegner haben.
Aber selbst wenn dieser Schachspieler die Partie gewinnen sollte, so hat er doch vergessen, weil er sich völlig auf das Schachbrett konzentrierte, die Augen zu heben und zu erkennen, daß der Gegner die Augen eines Mörders hat. Und wenn der Gegner die Partie verliert, so hält er immer noch einen Knüppel hinter dem Rücken bereit und läßt ihn auf den Kopf des Schachspielers niedersausen und beendet damit das Spiel endgültig. (Applaus)
Dieser berechnende Schachspieler vergaß aufzublicken und auf das Barometer zu schauen. Das Barometer ist gefallen. Er sieht nicht, daß durch das Fenster kein Licht mehr einfällt, daß Wolken ziehen und ein Orkan heranbraust. So ist es, wenn man seinen Fähigkeiten am Schachbrett allzusehr vertraut.
In der Tat zieht etwas herauf. Außer jener schwierigen politischen Situation, die wir jetzt schon in der Welt erleben, kommt noch eine andere auf uns zu. Es ist eine Krise von nie dagewesener Art, sie ist etwas anderes, ganz und gar nicht Politisches. Eine große Wende der ganzen Weltgeschichte, der ganzen Zivilisation naht. Das haben schon viele an verschiedenen Orten, trotz unterschiedlicher Denkart, bemerkt. Ich kenne keinen anderen Vergleich für diese Wende als den mit der Zeitwende vom Mittelalter zur Neuzeit. Es ist eine Wende der Zivilisation. Es ist eine Wende, während derer die überlieferten Begriffe plötzlich in ihren Umrissen unscharf werden. Es ist eine Wende, in der die gewohnten, oft gebrauchten alltäglichen Worte den Sinn verlieren, inhaltsleer werden. Es ist eine Wende, während derer die in den Jahrhunderten bewährten Methoden nicht mehr wirken, unwirksam werden. Es ist eine Wende, in der die Hierarchie der Werte, die wir verehren, die uns die teuersten sind, uns das Leben lebenswert machen und das Herz höher schlagen

lassen, — diese Hierarchie zu wanken beginnt und zusammenzubrechen droht.
Diese beiden Krisen, die politische in der Welt von heute und die aufziehende des Geistes, fallen in unserer Zeit zusammen. Es scheint, daß unsere Generation sie noch beide zusammen erleben wird. Die Führung Ihres Landes wird im dritten Jahrhundert seiner Existenz eine in der amerikanischen Geschichte nie dagewesene Verantwortung auferlegt bekommen. Ihre Führer werden schon in der nächsten Zeit tiefer Intuition, geistiger Voraussicht, hoher Qualitäten des Verstandes und des Geistes bedürfen. Gebe es Gott, daß genauso starke Charaktere wie die Gründer Ihres Landes Sie in jenen Minuten führen werden. (Applaus)
In der letzten Zeit, als ich einige Ihrer Staaten bereiste, merkte ich natürlich, daß diese beiden Städte, in denen ich auftrete, Washington und New York, bei weitem nicht das Spiegelbild Ihres Landes, seiner Vielfalt und seiner Möglichkeiten sind. Auch das alte Sankt Petersburg war nicht Rußland. Auch Moskau ist nicht die heutige Sowjetunion. Auch Paris hat mehrmals behauptet, Frankreich zu repräsentieren. Ich war tief beeindruckt, als ich jene Einstellungen spürte, die schon die Väter Ihres Landes besaßen. Wenn man nochmals darüber nachdenkt: Die Menschen, die Ihr Land schufen, gaben den Moralkompaß niemals aus der Hand. Sie haben die absoluten Begriffe »Gut« und »Böse« nie verspottet.
Auch ihre Politik richteten sie stets nach diesem Moralkompaß. Und es ist erstaunlich: Die Politik, die sich nach dem Kompaß der Moral richtet, stellte sich als die weitblickendste und segensreichste Politik heraus. Der Kurzsichtige mag fragen: »Wozu diese Moral? Man muß doch jetzt sehen, wie man weiterkommt, man muß jetzt schlau sein.«
Die Führer, die Ihr Land schufen, sagten nie: Mag in unserer Nähe Sklaverei herrschen, es ist egal; wir werden trotzdem Entspannung mit ihnen betreiben, wenn die Sklaverei nur nicht zu uns kommt.

Ich bin in den verschiedenen Staaten und Gegenden Ihres Landes genug herumgereist, um sagen zu können, daß ich mich von der Gesundheit, der Festigkeit und der Größe Amerikas auf dem Lande überzeugen konnte.
Ich bin sicher, daß diese gesunden, großzügigen und unerschöpflichen Kräfte Ihnen helfen werden, das politische Konzept Ihrer Staatsführung zu vervollkommnen.
Ja, wenn man durch Ihr Land reist und Ihr freies und unabhängiges Leben sieht, erscheinen in der Tat alle diese Weltgefahren, über die ich heute sprach, irreal. Eines weiß ich sicher: Ich bin gekommen, ich spreche. Aber in Ihren Weiten steckt es auch mich an. Es ist wahr, es ist irgendwie irreal. Auf diesem Kontinent ist es schwer, an das zu glauben, was alles auf der Erde geschieht. Aber, meine Herren! Ein sorgloses Leben wird es weder für Ihr noch für unser Land mehr geben. Unsere beiden Länder haben ein sehr schweres Schicksal. Und es ist besser, wenn man sich zeitig darauf vorbereitet. (Applaus)
Ich verstehe, ich spüre: Sie sind müde geworden. Sie sind müde geworden, obwohl Sie die wahren und schrecklichen Prüfungen des XX. Jahrhunderts, die über den alten Kontinent hinweggefegt sind, nicht zu erleben brauchten. Sie sind müde geworden, jedoch nicht so müde wie wir, die wir seit sechzig Jahren an die Erde gepreßt liegen. Sie sind müde geworden; aber die Kommunisten, die Ihr System vernichten wollen, sind es nicht! Die sind überhaupt nicht müde geworden. (Applaus)
Ich verstehe, daß es jetzt ein sehr unpassender Augenblick für jemanden wie mich ist, in Ihr Land zu kommen und solche Reden zu halten. Wenn es aber ein passender, ein bequemer Augenblick wäre, so wären meine Auftritte auch nicht notwendig gewesen. (Applaus) Eben deshalb, weil es der unpassendste Augenblick ist, bin ich gekommen, um Ihnen über die Erfahrung *von drüben* zu berichten. Wenn unsere Erfahrung aus dem Osten von selbst zu Ihnen gekommen wäre, hätte ich nicht diese mir fremde und unge-

liebte Rolle eines Redners zu übernehmen brauchen. Ich bin ein Schriftsteller, ich hätte lieber meine Bücher geschrieben.
Das Böse in der Welt aber, das die Menschheit haßt, sammelt sich. Und das Böse ist entschlossen, Ihr System zu vernichten. Soll man warten, bis es mit dem Brecheisen an Ihre Grenze klopft und die amerikanische Jugend an den Grenzen Ihres Kontinents zu sterben beginnt?
Nach meinem ersten Auftritt gab es, wie es immer in der Presse vorkommt, oberflächliche Kommentare, die nicht bis zum Kern vordrangen. Einer davon war: Ich sei gekommen, die Vereinigten Staaten dazu aufzufordern, *uns* vom Kommunismus zu befreien.
Wenn jemand nur ein wenig das verfolgt hat, was ich geschrieben habe und worüber ich viele Jahre in der Sowjetunion gesprochen habe — und auch später, dann schon im Westen, — dann weiß er: Ich habe immer das Gegenteil behauptet. Ich rief denen meiner Landsleute zu, die in den schweren Augenblicken schwach wurden und Hilfe erflehend nach dem Westen schauten, ich rief ihnen zu: Erwartet keine Hilfe! Und bittet nicht um Hilfe! Das ist nicht ehrenvoll. Wir müssen selbst auf eigenen Füßen stehen. Der Westen hat auch ohne uns genug eigene Sorgen. Wenn man uns unterstützt — vielen Dank. Aber bitten, aber dazu aufrufen — niemals.
Ich sagte in meiner letzten Rede: In der Welt gibt es zwei Prozesse. Der eine Prozeß ist der der geistigen Befreiung der UdSSR und anderer kommunistischer Länder. Der andere Prozeß ist die Hilfe des Westens für die kommunistischen Regierungen. Nachgeben, Entspannungen, Aufgeben von ganzen Ländern. Ich sagte nur: Denken Sie daran, wir dort müssen von selbst aufstehen; wenn Sie uns aber verteidigen, so verteidigen Sie auch Ihre eigene Zukunft.
Wir sind dort Sklaven von Geburt an. Wir werden als Sklaven geboren.
Ich bin nicht mehr jung, aber auch ich bin schon in der Sklaverei geboren. Und um so mehr die, die jünger sind als

ich. Wir sind Sklaven, wir sehnen uns aber nach der Freiheit. Sie aber sind von Geburt an frei. Wenn Sie aber von Geburt an frei sind, warum halten Sie Ihren Hals der Sklaverei hin? Warum helfen Sie unseren Sklavenhaltern? (Applaus)

Ich habe in meiner vorigen Rede nur um eines gebeten und bitte auch jetzt darum: Wenn sie uns lebendig begraben (ich habe die bevorstehende europäische Übereinkunft [gemeint ist die KSZE-Schlußakte. Anm. d. Übers.] mit dem Massengrab für Osteuropa verglichen) ... Sie wissen doch, daß das ein sehr unangenehmes Gefühl ist: Die Erde dringt dir in den Mund, du aber lebst noch ... Wenn man uns also lebendig begräbt, bitte liefern Sie nicht auch noch die Schaufeln an unsere Totengräber! Bitte, schicken Sie ihnen nicht auch noch Maschinen für die Erdbewegung! (Applaus)

Ein eigenartiges Zusammentreffen: Am gleichen Tage, an dem ich meine Rede in Washington hielt, sprach im Moskauer Kreml Suslow mit Ihren Senatoren. Und er sagte: Eigentlich ist die Bedeutung unseres Handels für uns mehr politischer als wirtschaftlicher Natur. Wir können auch ohne den Handel mit Ihnen auskommen. Das ist eine Lüge! Die ganze Existenz unserer Sklavenhalter basiert von Anfang bis zum Ende, auf der Wirtschaftshilfe durch den Westen. (Applaus)

Ich sagte in meiner letzten Rede: Von den ersten Einzelteilen an, mit denen unsere Werke in den zwanziger Jahren wiederaufgebaut wurden, von dem Bau des Magnitostroi an, des Dneprostroi, der Autowerke, der Traktorenwerke während der ersten Fünfjahrespläne in den Nachkriegsjahren bis heute ist alles, was man von Ihnen erhält, dort absolut lebensnotwendig. Nicht politisch, sondern wirtschaftlich ist es für das Sowjetsystem notwendig.

Die Produktivität der sowjetischen Wirtschaft ist äußerst gering, ihre Effektivität außerordentlich schwach. Für Produkte, die bei Ihnen mit geringer Zahl von Menschen und Maschinen hergestellt werden, konzentriert man bei uns riesige Mengen von Menschen und Material. Deshalb wird die sowjetische

Wirtschaft niemals mit allen Aufgaben gleichzeitig fertig. Die Rüstung, die damit verbundene Weltraumforschung, die Schwerindustrie, die Konsumgüterindustrie, das Einkleiden und Ernähren der Bevölkerung — die sowjetische Wirtschaft kann alle Aufgaben zusammen nicht bewältigen. Da die Kräfte der Sowjetwirtschaft überwiegend in der Rüstung konzentriert sind — dort, wo Sie nicht helfen —, holt man alles andere, was fehlt, von Ihnen. So unterstützen Sie indirekt die militärische Bereitschaft und Macht der Sowjetunion. (Applaus)

Damit Sie sich vorstellen können, wie schwerfällig die sowjetische Wirtschaft ist, hier ein kleines Beispiel: Sagen Sie selbst, was ist das für ein Land, was ist das für eine Weltmacht: Sie besitzt ein riesiges militärisches Potential, erobert den Weltraum, und was verkauft sie? Die ganze Schwerindustrie, die komplizierte Präzisionstechnik muß sie kaufen. Aber vielleicht ist es ein Agrarland? Keinesfalls, auch das Getreide muß gekauft werden. Was ist das für eine Wirtschaft? Was können wir denn verkaufen? Das, was der Sozialismus bei uns geschaffen hatte? Nein! Das, was Gott von Anbeginn an in den russischen Boden legte, das verschwenden und verkaufen wir. Das, was von Gott kommt. Wenn aber auch das einmal erschöpft ist, wird es gar nichts mehr zum Verkaufen geben.

Doch nicht nur beim Handel bleibt es. Der Präsident des AFL/CIO, Mr. George Meany, sagte unlängst zu Recht: Das sind keine Kredite, die die Vereinigten Staaten der Sowjetunion geben, das ist Wirtschaftshilfe. Sie wird zu Zinsbedingungen gegeben, zu denen der amerikanische Arbeiter kein Darlehen zum Hausbau erhält. Das ist direkte Hilfe.

Aber das ist noch nicht alles. In der vorigen Rede sagte ich es schon und will auch jetzt daran erinnern, daß man alles auch von der *anderen* Seite aus betrachten müsse, von *uns* aus. Unser Land nimmt Ihre Hilfe an, in den Schulen wird aber gelehrt, in den Zeitungen geschrieben, in den Vorlesungen referiert: Seht Ihr, die westliche Welt verfault. Seht Ihr, die Wirtschaft der westlichen Welt ist am Ende. Die großen Voraussagen von Marx, Engels und Lenin gehen in Erfüllung — der Kapitalismus geht unter! Er ist schon vollständig untergegangen!

Unsere sozialistische Wirtschaft aber, sagt man, blüht; sie beweist endlich den Triumph des Kommunismus. Und nun denke ich, meine Herren, ich meine besonders die unter Ihnen mit der sozialistischen Weltanschauung: Geben Sie doch endlich der sozialistischen Wirtschaft die Möglichkeit, ihre Überlegenheit zu beweisen! Geben Sie ihr die Möglichkeit, zu beweisen, daß sie fortschrittlich, daß sie mächtig ist, daß sie Sie geschlagen hat, daß sie Sie überholt hat. Mischen Sie sich dort nicht ein. Hören Sie damit auf, die Sowjetwirtschaft zu beschäftigen und ihr etwas zu verkaufen. (Applaus) Wenn sie so allmächtig ist, dann soll sie sich auch von selbst aufrichten, dann zehn bis fünfzehn Jahre auf eigenen Füßen stehen und wir werden zuschauen. Und ich kann Ihnen sagen, wie es ausgeht. Nun haben wir gescherzt, aber jetzt ohne Scherze.

In Wirklichkeit wird es so sein: Weil die Wirtschaft dort mit allem auf einmal nicht fertig wird, wird man gezwungen sein, die Rüstungsausgaben zu reduzieren, die nutzlose Weltraumforschung aufzugeben und statt dessen das Volk zu ernähren und einzukleiden. Und dann wird man das System mildern müssen.

Alles in allem bitte ich Sie hier um Folgendes: Wenn es dort eine so blühende, eine so stolze Wirtschaft gibt, während Ihre Wirtschaft so morsch und verfault ist, dann hören Sie doch mit der Hilfe auf. Wo gibt es das, daß ein Krüppel einem Athleten hilft? (Gelächter und Applaus)

Und noch eine Entstellung ist durch Ihre Presse anläßlich meiner letzten Rede gegangen. Man sagte: Nun ist ein weiterer Verfechter des Kalten Krieges zu uns gekommen. Noch einer kam, der zur Wiederaufnahme des Kalten Krieges aufruft. Nein, das ist ein Mißverständnis. Der Kalte Krieg, der

Krieg des Hasses, wird weitergeführt, aber nur von der kommunistischen Seite aus. Was ist Kalter Krieg? Ein Krieg der Beschimpfungen. Sie werden weiter beschimpft, nach wie vor. Man handelt mit Ihnen, unterschreibt Verträge mit Ihnen und beschimpft Sie und verflucht Sie.

Und aus allen Quellen, die Sie lesen können, noch mehr aus denen, die Sie nicht lesen und nicht hören können, geht hervor, daß man in der Tiefe der Sowjetunion mit dem Kalten Krieg gegen Sie keine Minute aufgehört hat. Man nennt Sie niemals anders als amerikanische Imperialisten. Ich sage, es reicht, daß täglich in allen Zeitungen steht, daß Sie den Frieden abwürgen wollen; denn unsere Leute haben keine Möglichkeit, sich anderswo zu informieren. Rufe ich Sie nun zum Kalten Krieg auf? Auf keinen Fall, um Gottes willen, wozu?

Ich bitte einzig darum: Geben Sie dieser Wirtschaft die Möglichkeit, sich zu entwickeln. Beerdigen Sie uns nicht! Die Wirtschaft soll sich entwickeln! Dann werden wir weitersehen!

Ist aber das freie, vielfältige System des Westens in der Lage, auf eine solche Linie einzuschwenken? Ist es fähig, sich insgesamt zu einheitlichem Verhalten abzusprechen: Es ist wahr, hören wir mit der Konkurrenz auf, hören wir damit auf, einander mit den Ellenbogen wegzustoßen und zu schreien: Einen Vertrag für mich, für mich, bitte, geben Sie ihn mir ... Es ist sehr wahrscheinlich, daß es zu diesem Einverständnis nicht kommt. Und wenn eine solche Einheitshaltung nicht erreicht wird, wenn in dem wahnsinnigen Firmenwettbewerb immer weiter Kredite und Präzisionstechnik vergeben werden, wenn Erdbewegungsmaschinen für unsere Totengräber geliefert werden, dann fürchte ich, daß Lenin recht behält. Er sagte ja: Die Bourgeoisie wird uns selbst den Strick verkaufen, an dem wir sie aufhängen werden.

In den alten Zeiten begann der Handel damit, daß die beiden Menschen, die sich — aus dem Wald, über das Meer, über den Fluß kommend — begegneten, zeigten, daß sie keine Knüppel, keine Steine mit sich führten, daß sie unbewaffnet waren. Als sichtbares Zeichen dafür zeigten sie einander ihre geöffneten Handflächen. Daraus entstand der Händedruck.

Und heute bedeutet »Détente« eigentlich eine Entspannung eines straff gespannten Strickes (was für ein unheilvolles Zusammentreffen, wieder ein Strick). »Détente« ist also Entspannung. Ich aber würde sagen — eine *offene Handfläche* ist nötig. Nötig sind solche Beziehungen zwischen der Sowjetunion und den Vereinigten Staaten, die ohne Betrug in der Rüstung, ohne Konzentrationslager, ohne psychiatrische Anstalten für Gesunde auskommen. Damit die Kehlen der Frauen nicht von den Tränen zugeschnürt werden. Damit dieser unaufhörliche ideologische Krieg gegen Sie aufhört. Damit solche Reden, wie meine heute, den Charakter jeglicher Exklusivität verlieren. Die Menschen aus der Sowjetunion, aus China, aus den anderen kommunistischen Ländern sollten zu Ihnen reisen können, ohne Überprüfung durch den KGB, ohne die Befürwortung durch das ZK der Partei, einfach so, von sich aus. Und diese Menschen sollten Ihnen die Wahrheit über das erzählen können, was bei uns geschieht.

Und das wäre dann, wie ich es nenne, eine Periode der »offenen Handfläche«. (Applaus)

Rede Alexander Solschenizyns auf dem Empfang im Senat der USA am 15. 7. 1975

Hochverehrte Herren!

Hier, im Gebäude des Senats der Vereinigten Staaten von Amerika, kann ich nicht umhin, damit zu beginnen, daß ich auf keinen Fall jene hohe und sogar außerordentliche Ehre vergessen habe, die mir der Senat erwies, als er sich zweimal bemühte, mir die »Ehrenbürgerschaft der Vereinigten Staaten« zu verleihen. Ich habe diese Bemühungen so verstanden, daß Sie nicht ausschließlich mich als Person ehren wollten, sondern — die rechtlose Mehrheit in meinem Lande und sogar die in den anderen kommunistischen Ländern, jene Mehrheit, die weder früher noch jetzt die Möglichkeit hat, ihre Meinung in der Presse, in den Parlamenten oder auf internationalen Konferenzen kundzutun.

Indem ich Ihnen für die meine Person betreffenden Entscheidungen des Senats der USA danke, empfinde ich die Verantwortung um so mehr — jene auf den Schultern eines einzelnen Menschen schwer lastende Verantwortung für eine solche Repräsentation. Jedoch habe ich die Leiden jener stimmlosen Mehrheit niemals vergessen und hatte kein anderes Ziel im Leben, als namentlich für sie zu sprechen — gerade dies gibt mir die Kraft für meine gegenwärtigen Auftritte in den USA und für den heutigen Auftritt hier.

Publizistisch können bei uns, in den kommunistischen Ländern, immer noch nur wenige wirken, Millionen aber begreifen die Ekelhaftigkeit des Systems, empfinden Abscheu vor ihm, wer es aber schafft, »stimmt mit den Füßen ab«, indem er vor dieser Gewalt und Vernichtung flüchtet.

Heute sehe ich hier nicht nur die Senatoren, sondern auch eine Gruppe von Mitgliedern des Repräsentantenhauses.

Ich spreche also zum ersten Mal vor denen, die am Gesetz-

gebungsprozeß Ihres Landes teilnehmen. Einem Prozeß, dessen Einfluß in der letzten Zeit nicht nur in der amerikanischen Geschichte spürbar wurde.
Unsere und Ihre Lebenserfahrung sind fast gänzlich und in allen Dingen gegensätzlich. Von der Fülle des im XX. Jahrhundert Erlebten wurde die russische Erfahrung an Bitternis reich; sie kommt zu Ihnen wie aus der Zukunft.
Um so notwendiger ist es, beharrlich und mit voller Offenheit die gegenseitigen Erfahrungen auszutauschen. Eine der schrecklichsten Gefahren der heutigen Welt liegt gerade darin, daß die Weltschicksale sich wie noch nie zu einem Knäuel verknotet haben, so daß ein Ereignis oder ein Fehler in einem Teil der Welt sofort das Schicksal des anderen Teils beeinflußt. Der Austausch von Informationen und Einschätzungen zwischen den Bevölkerungsmassen aber ist auf der einen Seite durch eiserne Vorhänge versperrt, auf der anderen durch Entfernung, schlechte Unterrichtung, Enge des Horizonts oder theoretische Voreingenommenheit von Beobachtern und Interpreten entstellt.
Durch einige Auftritte in Ihrem Lande versuchte ich, diese Mauer aus schädlicher Unkenntnis oder sorgloser Arroganz zu durchbrechen. Ich versuchte, Ihren Landsleuten die Atemnot der Bewohner Osteuropas zu vermitteln — gerade in diesen Wochen, in denen die in dem Massenfriedhof noch Atmenden durch freundliches Einverständnis der diplomatischen Schaufeln zugeschüttet und dann festgetrampelt werden. Ich versuchte, den Amerikanern klarzumachen, daß gerade während des zarten Aufblühens der Détente 1973 die minimale Verpflegungsration in den Gefängnissen und Lagern der UdSSR noch kleiner wurde. Gerade in den letzten Monaten, als eine immer größere Zahl von westlichen Rednern auf die positiven Folgen der »Entspannung« hinwies, wurde in der Sowjetunion eine neue wichtige Vervollkommnung des Strafsystems angeordnet: Wiewohl ihnen die ewige Priorität in der Erfindung von Zwangsarbeits-KZ erhalten bleibt, haben die Gefängniswärter der Sowjetunion

heute zusätzlich eine neue Art der Einzelhaft in den Gefängnissen erfunden: Mit Zwangsarbeit der Häftlinge in den Gefängniszellen — frierend, hungrig, ohne Frischluft, ohne genügendes Licht und mit übermenschlichen Arbeitsnormen, für deren Nicht-Erfüllung der Karzer droht.

Ach, so ist die menschliche Natur, daß fremde Leiden unser derzeitiges Wohlbehagen nicht berühren und wir sie nicht spüren, solange sie nicht auch unser Los werden. Ich bin nicht sicher, ob ich mit meinen Auftritten diesen die Realität der amerikanischen Wohlstandsgesellschaft bedrohenden Atemhauch übermitteln kann. Ich tat aber, wozu ich verpflichtet war und was ich konnte. Um so bitterer ist es, wenn die Wahrheit meiner Warnungen erst einige Jahre später erkannt wird.

Ihr Land erlebte unlängst die langandauernde vietnamesische Prüfung, die Ihre Gesellschaft so ermattet und gespalten hat. Ich sage Ihnen mit Gewißheit: Diese Prüfung war die leichteste in der Kette der Prüfungen, die Ihr Land in der nächsten Zeit erwartet.

Die Vereinigten Staaten von Amerika sind, ob sie es wollen oder nicht, auf den Gipfel der Geschichte emporgehoben worden; sie tragen die Last der Führung, wenn nicht für die ganze Welt, so doch für gut die Hälfte. Die Vereinigten Staaten hatten keine tausendjährige Vorbereitungszeit dafür; zweihundert Jahre waren wohl nicht genug Zeit für die endgültige Bildung eines Nationalbewußtseins — die Last der Verpflichtungen und Aufgaben aber türmt sich weiter auf und fragt danach nicht.

Deshalb sind auch Sie, die Senatoren und die Mitglieder des Repräsentantenhauses, ein jeder von Ihnen, nicht Dutzendmitglieder eines Dutzendparlaments. Sie tragen eine besondere Verantwortung in der gegenwärtigen Welt. Ich möchte Ihnen sagen, wie wir dort, die Untertanen der kommunistischen Länder, Ihre Worte, Handlungen, Projekte und die verwirklichten Resolutionen, durch den weltweiten Rundfunk verbreitet, aufnehmen — manchmal mit heißer

Zustimmung, manchmal mit Entsetzen und Verzweiflung. Niemals haben wir aber die Möglichkeit, laut über diese Dinge zu schreien. Vielleicht fühlen sich einige von Ihnen, für sich gesehen, immer noch als die Vertreter lediglich Ihres Staates oder Ihrer Partei — wir aber, *von dort*, aus der Ferne, ja, die ganze Welt, wir sehen diese Unterschiede nicht. Wir empfinden Sie nicht als Demokraten und nicht als Republikaner, nicht als Vertreter der Ost- oder der Westküste oder des Mittelwestens — wir empfinden Sie als Staatsmänner, von denen — von jedem einzelnen von Ihnen — in der nächsten Zukunft der tragische oder der rettende Gang der Weltgeschichte abhängt.

Im kommenden Zusammenfließen der politischen Weltkrise mit der geistigen Wendung einer durch die falsche Hierarchie der Werte ermatteten und verwirrten Menschheit fallen auf Sie oder auf Ihre Nachfolger auf dem Kapitol ungeheuere, sich heute schon abzeichnende Aufgaben, die ungleich größer sind, als die kurzen Berechnungen der Diplomatie, des innerparteilichen Kampfes oder des Kräftemessens zwischen dem Präsidenten und dem Kongreß. Und es gibt keine andere Wahl als nur die: Wachsen mit den Aufgaben des Jahrhunderts.

Sehr bald, allzubald wird Ihr Staat nicht nur alltäglicher, sondern — *großer* Menschen bedürfen. Finden Sie sie in Ihren Seelen. Finden Sie sie in Ihren Herzen. Finden Sie sie — in den Tiefen Ihres Vaterlandes!